职业教育新形态
财会精品系列教材

会计基础

微课版

龙银州 ◆ 编著

**Accounting
Basis**

人民邮电出版社
北　京

图书在版编目（CIP）数据

会计基础：微课版 / 龙银州编著. -- 北京：人民
邮电出版社，2023.12
职业教育新形态财会精品系列教材
ISBN 978-7-115-62807-7

Ⅰ. ①会… Ⅱ. ①龙… Ⅲ. ①会计学－高等职业教育
－教材 Ⅳ. ①F230

中国国家版本馆CIP数据核字(2023)第185672号

内 容 提 要

　　本书将会计基础课程内容分为"会计基本知识""借贷记账法原理""借贷记账法应用""凭证与账簿"
"财产清查与报表编制"五个项目来介绍，每个项目中设计了五个任务，每个任务又由四个部分构成。
全书具有篇幅均衡、重点突出、简明实用、难易适度等特点。项目中的任务是按照课堂时间单元的教学
任务量来设计的，任务量与课堂时间单元之间存在着对应关系，并且每一任务都将教、学、做融为一体，
非常方便教学。

　　本书适合高等职业院校、中等职业学校会计基础（基础会计）课程的教学。

◆ 编　著　龙银州
　　责任编辑　袁慧茹　刘　尉
　　责任印制　王　郁　彭志环
◆ 人民邮电出版社出版发行　北京市丰台区成寿寺路 11 号
　　邮编　100164　电子邮件　315@ptpress.com.cn
　　网址　https://www.ptpress.com.cn
　　三河市祥达印刷包装有限公司印刷
◆ 开本：787×1092　1/16
　　印张：11.75　　　　　　　　2023 年 12 月第 1 版
　　字数：300 千字　　　　　　2023 年 12 月河北第 1 次印刷

定价：49.80 元

读者服务热线：(010)81055256　印装质量热线：(010)81055316
反盗版热线：(010)81055315
广告经营许可证：京东市监广登字 20170147 号

FOREWORD

前　言

党的二十大报告指出，教育是国之大计、党之大计。教学离不开课堂，也离不开教材。让教材与课堂之间建立某种联系从而使教学更加便利，是我思考已久的问题。按照这一理念编写的《财务会计实务（微课版）》一书，得到了国家教学名师广州番禺职业技术学院杨则文教授的认可。本书是继《财务会计实务（微课版）》之后编写的又一本会计类教材，其编写思路与《财务会计实务（微课版）》基本相同，就是尽可能方便教学，追求教学效果与教学效率。本书的特点主要体现在以下几个方面。

第一，项目任务篇幅均衡。本书将会计基础课程内容设计成五个项目，每个项目又设计了五个任务，每个任务均由任务导言、任务内容、任务小结和任务训练四个部分组成。每个任务结构相同，篇幅相当，大致满足一堂课（2 课时）的教学需要，既有理论讲解，又有业务处理示范，也有技能操作训练，教、学、做有机地融为一体，为教学提供了极大的便利。

第二，课程核心内容突出。会计基础课程主要讲解会计核算方法，会计核算方法有设置账户、复式记账、填制和审核凭证、登记账簿、成本计算、财产清查和编制报表等七种。七种方法中，最重要的方法是复式记账，即借贷记账法。借贷记账法的关键是编写会计分录。本书实质上就是围绕借贷记账法来编写的。全书设计了 30 个任务训练，其中有 20 个任务训练的内容是练习编写会计分录。此外，从第一堂课开始，就要求学生熟悉企业常用会计科目和借贷记账法下借、贷的含义；关于凭证和账簿知识，任务训练的内容还是编写会计分录。七种会计核算方法中，借贷记账法不仅是最重要的，而且也是最难掌握的。学生学完会计基础课程之后，其他六种会计核算方法没有完全熟练掌握没有关系，但是，不会编写会计分录万万不可！实际上，只要学会了编写会计分录，其他的会计核算方法都很容易，即所谓一通百通。

第三，知识技能简明实用。讲解会计核算方法的教材，应大力宣讲实用、有用的会计知识或技能，对于不好用、很少用的技能或方法最好少讲或不讲。例如，记账凭证有"通用记账凭证"与"专用记账凭证"之分。相比而言，通用记账凭证编制简捷、高效，并且在实务中广泛应用；而专用记账凭证编制复杂、烦琐，以致记账、查账、归档都不方便，实务中已很少有人使用。所以，本书将通用记账凭证作为主流凭证形式来讲解。再如，对于错账更正方法，本书重新做了归纳。实际上，大部分错账都有两种不同的更正方法，一是直接调整，二是冲销重做。新归纳的错账更正方法完整、严谨、实用。还有账务处理程序，传统教材讲得比较复杂，本书也做了归纳处理，简明、实用、易懂。

第四，课程内容体现课程定位。课程定位是指课程所要达到的目标。会计基础课程，顾名思义，是讲会计基础知识和基本技能的课程，其目标是为学习财务会计、成本会计等后续课程奠定基础，重在说明借、贷的道理，不必注重实务细节；而财务会计课程的目标是培养会计从业者，应当尽可能考虑实务中的做法。基于这样的课程定位，本书的做法是：常见业务在不违背实务的基础上尽可能做简化的处理，避免复杂、不常见、初学者难以接受、与财务会计课程重复的内容。例如，借入资金业务，只讲短期借款，不讲长期借款；采购业务只讲材料采购，不讲固定资产采购；财产清查只讲清查方法，不讲清查结果的处理；会计报表，只讲资产负债表和利润表，不讲现金流量表等。长期借款、固定资产购置、财产清查结果的处理、现金流量表等内容都比较难，并且都是财务会计课程的内容，初学者既无细致学习的必要，也难以掌握。

可以说，本书在写法上与众不同，这不仅体现在内容的编排与训练的设计上，而且许多知识或技能也没有采用传统的说法。这样的教材能否被认可？我自己没有把握。书稿完成之后，还是首先征求了广州番禺职业技术学院杨则文教授的意见。杨则文教授收到书稿后这样回复我："我看完了书稿，正如姜大源老师在讲课程设计的时候反复讲的——知识的总量没变，知识的排列与组合逻辑发生了变化。我对你的这种教学处理是非常认可的，总体感觉符合你的设想，也与我的预期相符。"杨则文教授的回复给了我莫大的信心与鼓励。

感谢杨则文教授在百忙之中及时阅读书稿并回复意见！感谢广东嘉毕信财税策划有限公司黄佳元先生对本书编写提供的帮助！

由于编者水平有限，书中难免存在不足，欢迎广大师生提出宝贵意见！

龙银州

2023 年 8 月

CONTENTS

目 录

项目一

会计基本知识

项目内容 ↓

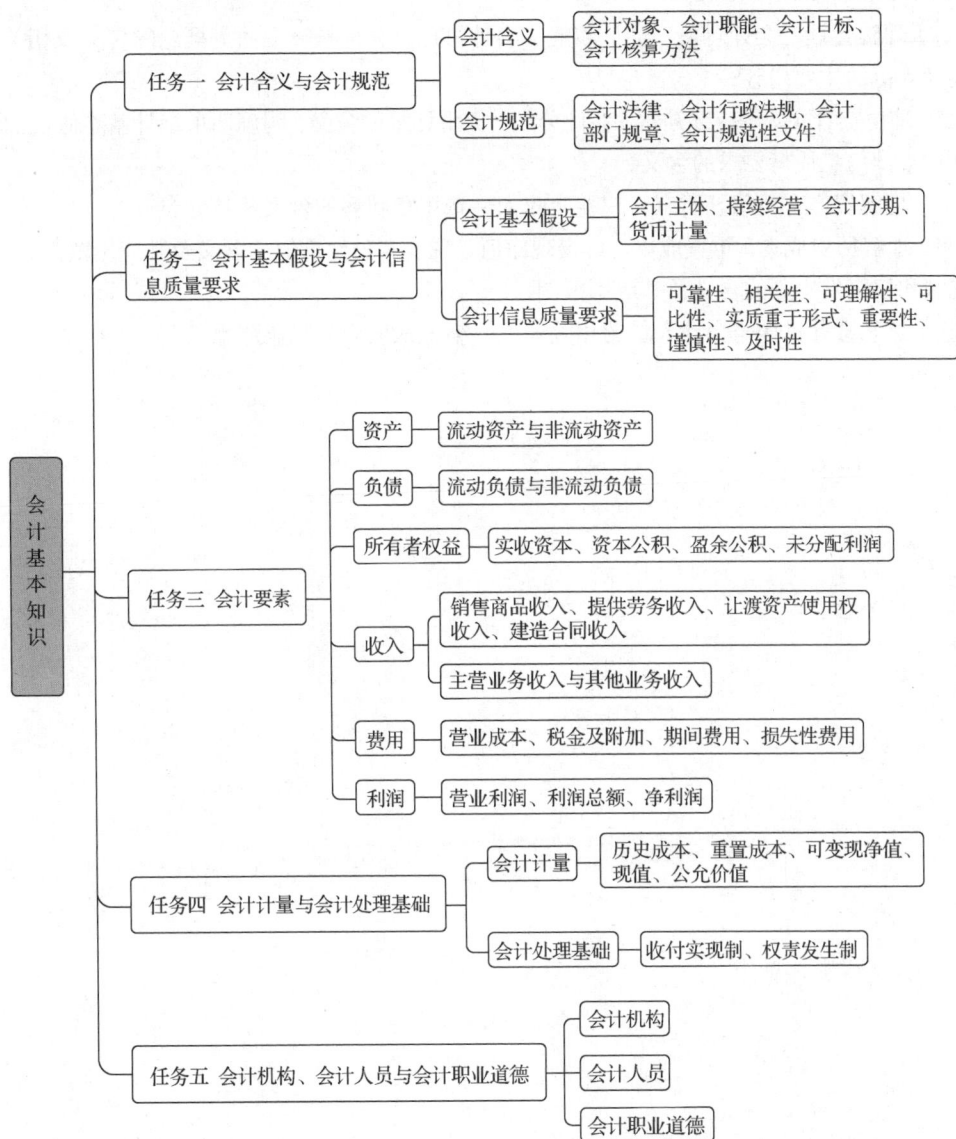

任务一 会计含义与会计规范
- 会计含义 —— 会计对象、会计职能、会计目标、会计核算方法
- 会计规范 —— 会计法律、会计行政法规、会计部门规章、会计规范性文件

任务二 会计基本假设与会计信息质量要求
- 会计基本假设 —— 会计主体、持续经营、会计分期、货币计量
- 会计信息质量要求 —— 可靠性、相关性、可理解性、可比性、实质重于形式、重要性、谨慎性、及时性

任务三 会计要素
- 资产 —— 流动资产与非流动资产
- 负债 —— 流动负债与非流动负债
- 所有者权益 —— 实收资本、资本公积、盈余公积、未分配利润
- 收入 —— 销售商品收入、提供劳务收入、让渡资产使用权收入、建造合同收入
- —— 主营业务收入与其他业务收入
- 费用 —— 营业成本、税金及附加、期间费用、损失性费用
- 利润 —— 营业利润、利润总额、净利润

任务四 会计计量与会计处理基础
- 会计计量 —— 历史成本、重置成本、可变现净值、现值、公允价值
- 会计处理基础 —— 收付实现制、权责发生制

任务五 会计机构、会计人员与会计职业道德
- 会计机构
- 会计人员
- 会计职业道德

01

项目说明 ↓

　　会计基本知识均为理论知识，比较抽象，初学者学习起来可能有点困难。但是，它又非常重要，如果不了解和熟悉这些基本知识，将难以理解和掌握借贷记账法。鉴于项目内容的特殊性，本项目各任务的训练内容以书面问答题为主，学习者应按照任务训练的要求，在任务训练答题簿或作业本上认真完成训练内容。此外，学习者每天应做两项附加练习：一是熟悉企业常用会计科目；二是熟悉借贷记账法下借、贷的含义。这是为借贷记账法的学习做准备。学习者务必按照要求自觉完成，任课教师应对学生进行督促、检查或考核。

项目目标 ↓

　　（一）理解会计、会计对象、会计职能、会计目标、会计核算方法等概念的含义及相关知识，熟悉会计规范的主要内容；

　　（二）理解会计主体、持续经营、会计分期、货币计量的含义，明确四项会计基本假设的意义，理解八项会计信息质量要求的含义；

　　（三）理解资产、负债、所有者权益、收入、费用和利润的含义及其分类；

　　（四）理解历史成本、重置成本、可变现净值、现值和公允价值的含义及其应用范围，理解收付实现制和权责发生制的含义及其应用范围；

　　（五）熟悉会计机构与会计人员的相关知识，牢记八项会计职业道德。

任务一　会计含义与会计规范

01

任务导言

什么是会计？会计的含义有多种，最基本的内涵是指监督和管理财务的工作。据统计，截至 2021 年年底，我国会计从业人员大约有 2 000 万人，会计职业队伍多么庞大！只要是行政、企事业单位，必定存在经济活动，也必定离不开会计。会计也是一项技能。会计这项技能的专业性很强，从业人员需要通过专门的学习或培训才能掌握。为了培养各类会计专业人才，我国各大院校均设有与会计相关的专业。会计也是一门学科，现代企业会计通常分为财务会计和管理会计两大领域。会计基础课程是财务会计学科的先导课程，学习者只有掌握了借贷记账法，才能进一步学习财务会计课程。

会计到底是一项什么样的工作？从事会计工作应当遵循哪些工作规范？

任务内容

一、会计含义

会计是人类社会发展到一定历史阶段的产物，它是为了适应人们对生产经营活动进行管理的客观需要而产生的，并随着社会生产的发展而发展。会计在我国有着悠久的历史。我国古代会计产生于西周，发展于唐宋，完善于明清，先后出现了"四柱清册""龙门账""天地合账"等中式会计核算算方法。在国外，会计历史也很悠久。1494 年意大利数学家卢卡·帕乔利出版了《算术、几何、比及比例概要》(《数学大全》)一书，该书系统地介绍了借贷记账法。该书的出版标志着近代会计的开始，卢卡·帕乔利也被誉为"会计之父"。

现代会计的含义一般表述为：会计是以货币为主要计量单位，采用专门方法和程序，对企业和行政、事业等单位的经济活动过程及其结果进行准确完整、连续系统的核算和监督，以如实反映受托责任履行情况和提供有用经济信息为主要目的的经济管理活动。会计这一含义指出了会计对象、会计职能、会计目标、会计核算方法等内容，为了更好地理解会计的含义，现将这些内容分述如下。

（一）会计对象

会计对象是指会计核算和监督的内容。凡是特定主体能够以货币表现的经济活动，都是会计对象。企业会计核算和监督的内容就是企业发生的能够以货币表现的经济活动，即资金运动。

企业的资金运动从筹集资金开始。企业筹集资金有两种基本方式：一是投资者投入资金；二是向债权人借入资金。投资者投入的资金是企业的资本金，它是企业从事生产经营活动最基本的资金来源，企业实现资金增值后应向投资者分配利润。负债经营是现代企业普遍的做法。借入资金可以扩大企业的生产经营规模，但必须按照约定还本付息。企业取得资金以后，要按照企业的经营目标运用资金。以工业企业为例，资金在经营过程中一般都要经过采购、生产、销售三个阶段，周而复始地循环周转，资金在运动中不断地改变形态，由货币资金转化为储备资金，由储备资金转化为生产资金，由生产资金转化为成品资金，再由成品资金转化为货币资金，实现资金的增值，取得经济效益。《中华人民共和国会计法》(以下简称《会计法》)将会计核算的具体内容归纳为以下七个方面：

（1）款项和有价证券的收付；

01

（2）财物的收发、增减和使用；

（3）债权债务的发生和结算；

（4）资本、基金的增减；

（5）收入、支出、费用、成本的计算；

（6）财务成果的计算和处理；

（7）需要办理会计手续、进行会计核算的其他事项。

（二）会计职能

会计职能是指会计在经济活动及其管理过程中所具有的功能。会计具有核算和监督两项基本职能，还具有预测经济前景、参与经济决策、评价经营业绩等拓展职能。

1. 会计核算

会计核算职能，是指会计以货币为主要计量单位，对特定主体的经济活动进行确认、计量、记录和报告。会计核算贯穿于经济活动的全过程，是会计最基本的职能。

会计确认是指依据一定的标准，核实、辨认经济交易或事项的实质并确定应予以记录的会计对象的要素项目，并进一步确定已记录和加工的会计资料是否应列入财务报告和如何列入财务报告的过程。会计确认包括初始确认和再确认两个环节。初始确认主要是解决对交易或事项的记录问题（是否应该记录、何时记录、如何记录），再确认主要解决对已记录和加工会计资料的报告问题（是否应该在财务报告上列报、如何列报）。

会计计量是指主要以货币为计量单位对各项经济交易事项及其结果进行计量的过程。会计计量包括计量属性的选择和计量单位的确定。

会计记录是指对经过会计初始确认、会计计量的经济交易或事项，采用一定方法填制会计凭证、登记账簿的过程。

财务报告是以会计账簿记录的资料为依据，采用表格和文字等形式，把会计凭证和会计账簿记录的会计资料进一步进行系统性加工汇总整理形成财务状况、经营成果和现金流量等的结构性表述的过程。

2. 会计监督

会计监督分为单位内部监督、国家监督和社会监督三部分，三者共同构成了"三位一体"的会计监督体系。

单位内部监督是指会计机构、会计人员对其特定主体经济活动和相关会计核算的真实性、完整性、合法性和合理性进行审查，使之达到预期经济活动和会计核算目标的功能。

国家监督是指财政、审计、税务、人民银行、证券监管、保险监管等部门依照有关法律、行政法规规定对各有关单位会计资料的真实性、完整性、合法性等实施的监督检查。

社会监督是指以会计师事务所为主体的社会中介机构等实施的监督活动。

3. 会计核算与会计监督的关系

会计核算与会计监督是相辅相成、辩证统一的。会计核算是会计监督的基础，没有核算提供的各种系统性会计资料，监督就失去了依据；会计监督又是会计核算质量的保障，只有核算没有监督，就难以保证核算提供信息的质量。

（三）会计目标

会计目标是要求会计工作完成的任务或达到的标准。会计的基本目标是向财务报告使用者提供企业财务状况、经营成果和现金流量等有关的会计信息，反映企业管理层受托责任履行情况，有助于财务报告使用者做出经济决策，达到不断提高企业、事业单位乃至经济社会整体的经济效益和效率的目的和要求。从更高层面看，会计的目标还包括规范会计行为，保证会计资料真实、完整，加强经济管理和财务管理，提高经济效益，维护社会主义市场经济秩序，为市场在资源配置中起决定性作用和更好发挥政府作用提供基础性保障，实现经济高质量发展。

财务报告使用者包括企业内部使用者和企业外部使用者，主要有企业管理者、投资者、债权人、政府及其有关部门和社会公众等。

（四）会计核算方法

会计核算方法是指以货币为主要计量单位，对已经发生的经济业务事项进行确认、计量、记录和报告的一系列方法。会计核算方法通常包括设置账户、复式记账、填制和审核凭证、登记账簿、成本计算、财产清查和编制财务报表等，这些方法构成了一个完整的会计核算方法体系。一般来说，经济业务发生后，经办人员要填制或取得原始凭证。会计人员审核原始凭证后，运用复式记账法编制记账凭证，并据以登记账簿。账簿由各种账户组成，账户是根据会计科目设置的。对于生产经营过程中发生的各项成本费用，要进行成本计算。一个会计期间结束后，应进行财产清查。在保证账实相符的基础上，根据账簿记录编制财务报表。

二、会计规范

会计规范是指人们从事与会计有关的活动时，所应遵循的约束性或指导性的行为准则。我国会计规范由四个部分构成：一是会计法律；二是会计行政法规；三是会计部门规章；四是会计规范性文件。它们是会计工作应遵循的统一规范。

（一）会计法律

会计法律是指由全国人民代表大会及其常务委员会经过一定立法程序制定的有关会计工作的法律。我国的会计法律有《会计法》和《中华人民共和国注册会计师法》（以下简称《注册会计师法》）。

1.《会计法》

《会计法》是会计法律制度中层次最高的法律规范，是制定其他会计法规的依据，也是指导会计工作的最高准则。《会计法》的内容包括：总则，会计核算，公司、企业会计核算的特别规定，会计监督，会计机构和会计人员，法律责任、附则。

《会计法》于1985年1月21日第六届全国人民代表大会常务委员会第九次会议通过，同年5月1日起实施；1993年12月29日，第八届全国人民代表大会常务委员会第五次会议，对《会计法》进行了修正；1999年10月31日，第九届全国人民代表大会常务委员会第十二次会议，对《会计法》进行了修订；2017年11月4日，第十二届全国人民代表大会常务委员会第三十次会议，对《会计法》进行了修正。

> **注意事项：修正与修订有何区别？**
>
> 法律的修正是指法定机关对法律的部分条款进行修改，是局部的或者个别的修改。法律的修订则是指法定机关对法律进行全面的修改，是整体的修改。

2.《注册会计师法》

《注册会计师法》是为了发挥注册会计师在社会经济活动中的鉴证和服务作用，加强对注册会计师的管理，维护社会公共利益和投资者的合法权益，促进社会主义市场经济的健康发展制定的法规。《注册会计师法》由第八届全国人民代表大会常务委员会第四次会议于 1993 年 10 月 31 日通过，自 1994 年 1 月 1 日起施行。2014 年《注册会计师法》进行修正。《注册会计师法》的主要内容包括：总则、考试和注册、业务范围和规则、会计师事务所、注册会计师协会、法律责任和附则。

（二）会计行政法规

会计行政法规是指由国务院制定发布，或者国务院有关部门拟定并经国务院批准发布，调整经济生活中某些方面会计关系的法律规范。会计行政法规主要有《总会计师条例》和《企业财务会计报告条例》。

1.《总会计师条例》

《总会计师条例》是为了确定总会计师的职权和地位，发挥总会计师在加强经济管理、提高经济效益中的作用而制定的法规。《总会计师条例》于 1990 年 12 月 31 日由国务院发布，2011 年进行了修订。该条例的主要内容包括：总则、总会计师的职责、总会计师的权限、任免与奖惩、附则。

2.《企业财务会计报告条例》

《企业财务会计报告条例》是为了规范企业财务会计报告，保证财务会计报告的真实、完整而制定的法规。该条例于 2000 年 6 月 21 日由国务院发布，自 2001 年 1 月 1 日起施行。该条例的主要内容包括：总则、财务会计报告的构成、财务会计报告的编制、财务会计报告的对外提供、法律责任和附则。

（三）会计部门规章

会计部门规章由国务院各部委，经部务会议或者委员会会议决定，由部门首长签署命令予以公布。会计部门规章主要包括《企业会计准则——基本准则》《企业财务通则》《政府会计准则——基本准则》《事业单位会计准则》等。

1.《企业会计准则——基本准则》

1992 年 11 月 30 日，财政部以部长令的形式发布了《企业会计准则》，自 1993 年 7 月 1 日起施行；2006 年 2 月对《企业会计准则》进行了修订，更名为《企业会计准则——基本准则》，以财政部令第 33 号公布，自 2007 年 1 月 1 日起施行；2014 年 7 月 23 日，根据《财政部关于修改〈企业会计准则——基本准则〉的决定》进行了修改。《企业会计准则——基本准则》是企业进行会计核算工作必须遵守的基本要求，是制定具体会计准则的基础，为具体会计准则的制定提供了基本框架。《企业会计准则——基本准则》的主要内容包括：总则、会计信息质量要求、资产、负债、所有者权益、收入、费用、利润、会计计量、财务会计报告、附则共十一章。

2.《企业财务通则》

1992 年 11 月 30 日，《企业财务通则》由财政部令第 4 号发布，自 1993 年 7 月 1 日起施行；2006 年 12 月，财政部对《企业财务通则》进行了修订，以财政部令第 41 号公布，自 2007 年 1 月 1 日起施行。《企业财务通则》的主要内容包括：总则、企业财务管理体制、资金筹集、资产营运、成本控制、收益分配、重组清算、信息管理、财务监督和附则。

3.《政府会计准则——基本准则》

我国政府会计准则体系与企业会计准则体系类似，主要由基本准则、具体准则、应用指南和会计制度等组成。

2015 年 10 月，财政部印发了《政府会计准则——基本准则》。基本准则规范了政府会计目标、政府会计主体、政府会计信息质量、政府会计核算基础，以及政府会计要素、确认和计量原则、列报要求等原则事项。

具体准则是用于规范政府会计主体发生的经济业务或事项的会计处理原则，详细规定经济业务或事项引起的会计要素变动的确认、计量和报告。应用指南是对具体准则的实际应用做出的操作性规定。2016 年以来，财政部相继出台了存货、固定资产、无形资产、公共基础设施、政府储备物资、会计调整、负债、财务报表编制和列报等具体会计准则和固定资产准则的应用指南等。

2017 年财政部制定出台了《政府会计制度——行政事业单位会计科目和报表》。

4.《事业单位会计准则》

1997 年 5 月 28 日，财政部印发了《事业单位会计准则（试行）》（财预字〔1997〕286 号）。2012 年 12 月 6 日，财政部将修订后的《事业单位会计准则》公布，自 2013 年 1 月 1 日起施行。《事业单位会计准则》主要内容包括：总则、会计信息质量要求、资产、负债、净资产、收入、支出或者费用、财务会计报告和附则等。

（四）会计规范性文件

会计规范性文件由国务院主管部门以部门文件形式印发。涉及企业的会计规范性文件有企业会计具体准则、企业会计准则应用指南、企业会计准则解释、《小企业会计准则》《会计基础工作规范》《会计档案管理办法》等。

1. 企业会计具体准则

为规范企业会计确认、计量和报告行为，保证会计信息质量，根据《会计法》和《企业会计准则——基本准则》等国家有关法律、行政法规，财政部制定了《企业会计准则第 1 号——存货》等 38 项具体会计准则，于 2006 年 2 月 15 日以财政部文件财会〔2006〕3 号印发，自 2007 年 1 月 1 日起在上市公司范围内施行，鼓励其他企业执行。具体准则是在基本准则的指导下，对企业各项资产、负债、所有者权益、收入、费用、利润及相关交易事项的确认、计量和报告进行规范的会计准则。具体准则包括三类：一般业务准则、财务报告准则和特殊业务准则。2014 年之后，财政部陆续对部分具体会计准则进行了修订，并印发了 4 项新的具体准则，截至 2022 年年底，我国共发布了 42 项具体会计准则，列示如下：

《企业会计准则第 1 号——存货》

《企业会计准则第 2 号——长期股权投资》（2014 年修订）

《企业会计准则第 3 号——投资性房地产》

《企业会计准则第 4 号——固定资产》

《企业会计准则第 5 号——生物资产》

《企业会计准则第 6 号——无形资产》

《企业会计准则第 7 号——非货币性资产交换》（2019 年修订）

《企业会计准则第 8 号——资产减值》

《企业会计准则第 9 号——职工薪酬》（2014 年修订）

《企业会计准则第 10 号——企业年金基金》

《企业会计准则第 11 号——股份支付》

《企业会计准则第 12 号——债务重组》（2019 年修订）

《企业会计准则第 13 号——或有事项》

《企业会计准则第 14 号——收入》（2017 年修订）

《企业会计准则第 15 号——建造合同》（由于新修订的《企业会计准则第 14 号——收入》包含了建造合同的内容，本准则现已废止）

《企业会计准则第 16 号——政府补助》（2017 年修订）

《企业会计准则第 17 号——借款费用》

《企业会计准则第 18 号——所得税》

《企业会计准则第 19 号——外币折算》

《企业会计准则第 20 号——企业合并》

《企业会计准则第 21 号——租赁》（2018 年修订）

《企业会计准则第 22 号——金融工具确认和计量》（2017 年修订）

《企业会计准则第 23 号——金融资产转移》（2017 年修订）

《企业会计准则第 24 号——套期会计》（2017 年修订）

《企业会计准则第 25 号——原保险合同》（2020 年修订）

《企业会计准则第 26 号——再保险合同》

《企业会计准则第 27 号——石油天然气开采》

《企业会计准则第 28 号——会计政策、会计估计变更和差错更正》

《企业会计准则第 29 号——资产负债表日后事项》

《企业会计准则第 30 号——财务报表列报》（2014 年修订）

《企业会计准则第 31 号——现金流量表》

《企业会计准则第 32 号——中期财务报告》

《企业会计准则第 33 号——合并财务报表》（2014 年修订）

《企业会计准则第 34 号——每股收益》

《企业会计准则第 35 号——分部报告》

《企业会计准则第 36 号——关联方披露》

《企业会计准则第 37 号——金融工具列报》（2017 年修订）

《企业会计准则第 38 号——首次执行企业会计准则》

《企业会计准则第 39 号——公允价值计量》（2014 年发布）

《企业会计准则第 40 号——合营安排》（2014 年发布）

《企业会计准则第 41 号——在其他主体中权益的披露》（2014 年发布）

《企业会计准则第 42 号——持有待售的非流动资产、处置组和终止经营》（2017 年发布）

企业会计准则体系

2. 企业会计准则应用指南

为了指引企业执行具体会计准则，2006 年 10 月 30 日，财政部文件财会〔2006〕18 号印发了《企业会计准则——应用指南》。该文件是对具体会计准则相关条款的细化和有关重点难点问题提

供的操作性指南，以利于会计准则的贯彻落实和指导实务操作，包括会计科目和主要账务处理、财务报表及其格式等。

3. 企业会计准则解释

企业会计准则解释是对具体准则实施过程中出现的问题、具体准则条款规定不清楚或者尚未规定的问题做出的补充说明。截至 2022 年，财政部已发布了 16 个企业会计准则解释。

4.《小企业会计准则》

为了规范小企业确认、计量和报告行为，财政部于 2011 年 10 月 18 日以财政部文件财会〔2011〕17 号印发了《小企业会计准则》，自 2013 年 1 月 1 日起施行，鼓励小企业提前执行。财政部于 2004 年 4 月 27 日发布的《小企业会计制度》同时废止。《小企业会计准则》的内容包括：总则、资产、负债、所有者权益、收入、费用、利润及利润分配、外币业务、财务报表、附则以及附录《小企业会计准则——会计科目、主要账务处理和财务报表》。

5.《会计基础工作规范》

为了加强会计基础工作，建立规范的会计工作秩序，不断提高会计工作水平，1996 年 6 月 17 日，财政部以财会字〔1996〕19 号文件，印发了《会计基础工作规范》。2019 年 3 月 14 日，财政部对《会计基础工作规范》进行了修订（财政部令第 98 号），该规范的主要内容包括：总则、会计机构和会计人员、会计核算、会计监督、内部会计管理制度和附则。

6.《会计档案管理办法》

为了加强会计档案的科学管理，统一全国会计档案管理制度，做好会计档案管理工作，财政部、国家档案局于 1998 年 8 月 21 日发布了《会计档案管理办法》；2015 年 12 月 11 日，财政部、国家档案局对其进行了修订，发布了新的《会计档案管理办法》，于 2016 年 1 月 1 日起施行。

任务小结

（一）会计是以货币为主要计量单位，采用专门方法和程序，对企业和行政、事业等单位的经济活动过程及其结果进行准确完整、连续系统的核算和监督，以如实反映受托责任履行情况和提供有用经济信息为主要目的的经济管理活动。

（二）会计对象是指会计核算和监督的内容。企业会计核算和监督的内容就是企业发生的能够以货币表现的经济活动，即资金运动。

（三）会计职能是指会计在经济活动及其管理过程中所具有的功能。会计具有核算和监督两项基本职能。

（四）会计的基本目标是向财务报告使用者提供企业财务状况、经营成果和现金流量等有关的会计资料和信息，反映企业管理层受托责任履行情况，有助于财务报告使用者做出经济决策，达到不断提高企业、事业单位乃至经济社会整体的经济效益和效率的目的和要求。

（五）会计核算方法通常包括设置账户、复式记账、填制和审核凭证、登记账簿、成本计算、财产清查和编制财务报表等。

（六）会计法律是指由全国人民代表大会及其常务委员会经过一定立法程序制定的有关会计工作的法律。我国的会计法律有《会计法》和《注册会计师法》。

（七）会计行政法规是指由国务院制定发布，或者国务院有关部门拟定并经国务院批准发布，调整经济生活中某些方面会计关系的法律规范。会计行政法规主要有《总会计师条例》和《企业财务会计报告条例》。

（八）会计部门规章由国务院各部委，经部务会议或者委员会会议决定，由部门首长签署命令予以公布。会计部门规章主要包括《企业会计准则——基本准则》《企业财务通则》《政府会计准则——基本准则》《事业单位会计准则》等。

（九）会计规范性文件由国务院主管部门以部门文件形式印发。涉及企业的会计规范性文件有企业会计具体准则、企业会计准则应用指南、企业会计准则解释《小企业会计准则》《会计基础工作规范》《会计档案管理办法》等。

任务训练

任务训练一　熟悉会计含义与会计规范相关知识

（一）什么是会计、会计对象、会计目标？

（二）简述会计的基本职能。

（三）什么是会计核算方法？会计核算有哪些方法？

（四）简述我国企业会计准则体系的构成。

附加训练（1）　熟悉企业常用会计科目

资料：项目二任务一的企业常用会计科目表及会计科目简单释义。

要求：反复阅读企业常用会计科目表及会计科目简单释义，熟悉企业常用会计科目的名称及其含义。此练习为自我练习、自觉练习，非常重要，每一位学习者必须按要求完成。训练方法建议：每天阅读至少两遍，坚持两周以上，直至熟悉各会计科目的名称及其含义。

附加训练（2）　熟悉借贷记账法下借、贷的含义

资料：项目二任务二"借贷记账法下账户的结构"和任务四的"借贷记账法的记账符号"。

要求：阅读并记住借贷记账法下借、贷的含义。此练习为自我练习、自觉练习，非常重要，每一位学习者必须按要求完成。训练方法建议：每天记诵至少两遍，坚持两周以上，直至熟记为止。

任务二 会计基本假设与会计信息质量要求

任务导言

会计基本假设也叫会计核算前提，我国会计教材讲会计基本假设始于1993年实行《企业会计准则》之时。那么，在1993年之前我国会计就不存在基本假设吗？不是的，会计基本假设始终客观存在，只是在1993年之前我们没有把它写进会计规范性文件而已。只要有会计活动，必定存在一定的会计假设。没有会计基本假设，会计业务活动就无从开展。

会计信息质量要求也始于1993年实行的《企业会计准则》，该准则提出的原则为12项（包括一致性、配比性、权责发生制、合理划分收益性支出与资本性支出等），称为"一般原则"。2006年制定的《企业会计准则——基本准则》将12项原则修改为8项，称为"会计信息质量要求"，它是对企业财务报告中所提供的会计信息质量的基本要求。

会计基本假设与会计信息质量要求对会计初学者来说，都比较抽象，不太好理解，但是，这没有关系，学习者按照要求完成任务训练就可以。当会计知识积累到一定程度的时候，这些道理自然就明白了。

任务内容

一、会计基本假设

会计基本假设，也叫会计核算前提或会计基本前提，是对会计核算空间和时间范围以及所采用的计量单位等所做的合理假定，是企业会计确认、计量、记录和报告的前提。会计基本假设对履行会计职能、实现会计目标等具有重要的作用与意义。会计基本假设包括会计主体、持续经营、会计分期和货币计量，每一项假设解决一个方面的会计实际问题。

（一）会计主体

1. 会计主体的含义

会计主体，又称会计实体，是指会计工作服务的特定单位，是企业会计确认、计量和报告的空间范围。会计核算应当集中反映某一特定企业的经济活动，并将其与其他经济实体区别开来。会计主体通常是独立核算的企业或企业的一部分。

2. 会计主体的相关规定

《企业会计准则——基本准则》第五条规定："企业应当对其本身发生的交易或者事项进行会计确认、计量和报告。"这一条文并没有"会计主体"字眼，但实际上是关于会计主体的设定。

3. 会计主体的意义

会计主体规定了会计核算和报告的空间范围，解决了会计为谁记账、为谁报告的问题，是其他会计基本假设的基础。会计只能记录和报告本会计主体的经济活动，只核算和监督本会计主体所发生的经济业务。如果将非本会计主体发生的经济业务事项记录在本会计主体的账目之中，就违背了会计主体假设，其记录的会计信息必然不真实。

01

4．会计主体与法律主体（法人）的关系

法人是具有民事权利能力和民事行为能力，依法独立享有民事权利和承担民事义务的组织。

法人必然是一个会计主体，但会计主体不一定是法人。如分公司、分厂、个人独资企业、合伙企业等虽然不具有法人资格，但都可以成为一个会计主体。会计主体可以由一个法人构成，也可以由多个法人构成，如企业集团的母公司和子公司均属于法人，但可以将企业集团所属的所有成员当成一个会计主体，来处理有关经济业务（编制合并会计报表）。

（二）持续经营

1．持续经营的含义

持续经营是指在可以预见的将来，企业将会按照当前的规模和状态继续经营下去，不会停业或破产。

2．持续经营的相关规定

《企业会计准则——基本准则》第六条规定："企业会计确认、计量和报告应当以持续经营为前提。"

3．持续经营的意义

持续经营规定了会计主体核算的时间范围。持续经营为正确选择和确定会计方法与会计原则提供了理论依据。例如，固定资产按预计使用年限提取折旧，这一会计方法的前提就是持续经营。如果没有这个前提，固定资产按多少年计提折旧都不合适。再例如，企业能举债并对债务按规定的期限偿还，其前提也是持续经营。

实际上，企业经营都有风险，有破产或清算的可能。所以说，持续经营只是一种假定。一旦企业真正面临破产或清算，会计方法和会计原则就不能以持续经营为前提了。

（三）会计分期

1．会计分期的含义

会计分期是将一个企业持续不断的生产经营活动人为地划分为一个个连续的、长短相等的期间。最基本的会计期间是一年，称为"会计年度"。我国的会计年度采用公历制。

2．会计分期的相关规定

《会计法》第十一条规定："会计年度自公历 1 月 1 日起至 12 月 31 日止。"

《企业会计准则——基本准则》第七条规定："企业应当划分会计期间，分期结算账目和编制财务会计报告。会计期间分为年度和中期。中期是指短于一个完整的会计年度的报告期间。"

3．会计分期的意义

如果只有持续经营，没有会计分期，则无法确定企业的财务状况、经营成果及现金流量等相关信息。企业的财务状况、经营成果及现金流量等信息只有在一定的会计期间（如 1 个年度或 1 个月份、1 个季度等）才能确定，这就好比一场足球赛，比赛不结束，胜负不确定。可以说，会计分期是对持续经营假设的补充，规定了会计工作的具体时间范围。

（四）货币计量

1．货币计量的含义

货币计量是指会计主体在会计确认、计量和报告时以货币作为计量尺度，反映会计主体的经济活动。会计之所以以货币为尺度进行计量，是由货币本身的属性决定的。货币是一般等价

物，是衡量一般商品价值的尺度，具有价值尺度、流通手段、贮藏手段和支付手段等特点。其他计量单位，如千克、米、立方米、台、件等，只能从一个侧面反映企业的生产经营情况，无法在量上进行汇总和比较，不便于会计计量和经营管理。只有选择货币尺度进行计量，才能综合反映企业的生产经营情况。由于货币的币值总是不断变化的，所以货币计量假设还包含了币值稳定的假设。

2. 货币计量的相关规定

《企业会计准则——基本准则》第八条规定："企业会计应当以货币计量。"

《会计法》第十二条规定："会计核算以人民币为记账本位币。业务收支以人民币以外的货币为主的单位，可以选定其中一种货币作为记账本位币，但是编报的财务报告应当折算为人民币。"

3. 货币计量的意义

所有的财产物资都可以用货币这把尺子来衡量一下，只有货币单位才具备可加性、可比性，货币把各种经济活动综合地反映出来。

4. 货币计量的缺陷

货币计量假设存在两点缺陷：其一，货币只能记录并传递货币性信息，不能反映诸如企业经营战略、研发能力、市场竞争力等对使用者来说重要的信息；其二，当币值不稳定时，会导致会计信息不真实。

二、会计信息质量要求

会计信息质量是指会计信息符合会计法律、会计准则等规定要求的程度，是满足企业利益相关者需要的能力和程度。

会计信息质量要求是对企业财务报告中所提供的会计信息质量的基本要求，是使财务报告中所提供的会计信息对使用者决策有用应具备的基本特征。会计信息质量要求包括可靠性、相关性、可理解性、可比性、实质重于形式、重要性、谨慎性和及时性。

（一）可靠性

可靠性要求企业应当以实际发生的交易或者事项为依据进行确认、计量和报告，如实反映符合确认和计量要求的各项会计要素及其他相关信息，保证会计信息真实可靠、内容完整。

可靠性是对会计工作和会计信息质量的最基本要求，是会计信息的灵魂。如果企业以虚假的交易或者事项进行确认、计量和报告，属于违法行为，不仅会严重损害会计信息质量，而且会误导投资者，干扰资本市场，导致会计秩序、财经秩序混乱。

（二）相关性

相关性要求企业提供的会计信息应当与财务报告使用者的经济决策需要相关，有助于财务会计报告使用者对企业过去、现在或者未来的情况做出评价或者预测。

相关的会计信息应当能够有助于使用者评价企业过去的决策，证实或者修正过去的有关预测，因而具有反馈价值。相关的会计信息还应当具有预测价值，有助于使用者根据财务报告提供的会计信息预测企业未来的财务状况、经营成果和现金流量。

（三）可理解性

可理解性要求企业提供的会计信息应当清晰明了，便于财务报告使用者理解和使用。

企业编制财务报告、提供会计信息的目的在于使用，要想让使用者有效使用会计信息，就应当让其了解会计信息的内涵，弄懂会计信息的内容，这就要求财务报告提供的会计信息应当清晰明了，易于理解。只有这样，才能提高会计信息的有用性，实现财务报告的目标，满足向财务报告使用者提供决策有用信息的要求。

（四）可比性

可比性要求企业提供的会计信息应当相互可比。主要包括两层含义。

（1）纵向可比。即同一企业不同时期发生的相同或相似的交易或事项，应当采用一致的会计政策，不得随意变更。确需变更的，应当在报表附注中说明。

（2）横向可比。即不同企业同一会计期间发生的相同或相似的交易或事项，应当采用规定的会计政策，确保会计信息口径一致、相互可比。

（五）实质重于形式

实质重于形式要求企业应当按照交易或者事项的经济实质进行会计确认、计量和报告，不应仅以交易或者事项的法律形式为依据。

实际工作中，交易或者事项的外在法律形式并不总能完全反映其实质内容。多数情况下，企业发生交易或者事项的经济实质与法律形式是一致的。但在有些情况下，会出现不一致。当企业发生的交易或事项的经济实质与法律形式不一致时，企业应当按照经济实质对所发生的交易或者事项进行确认、计量和报告。

（六）重要性

重要性要求企业提供的会计信息应当反映与企业财务状况、经营成果和现金流量有关的所有重要交易或者事项。

在实务中，如果某项会计信息的省略或者错报会影响财务报告使用者据此做出决策，该信息就具有重要性。重要性的应用需要依赖职业判断，企业应当根据其所处环境和实际情况，从项目的性质和金额大小两个方面加以判断。

对于重要的业务和项目，应分别核算，单独反映，并在财务报告中予以充分、准确的披露；对于不重要的经济业务或项目则可适当简化处理，合并反映。例如，对于某些金额较小的支出，从支出的受益期来看，可能需要在若干会计期间进行分摊，但根据重要性要求，可以一次性计入当期损益。

（七）谨慎性

谨慎性要求企业对交易或者事项进行会计确认、计量和报告时保持应有的谨慎，不高估资产或者收益，不低估负债或费用。

在市场经济环境下，企业的生产经营活动面临着许多风险和不确定性，会计信息质量的谨慎性要求，需要企业在面临不确定性因素的情况下做出职业判断时，应当保持应有的谨慎，充分估计到各种风险和损失，既不高估资产或者收益，也不低估负债或者费用。

（八）及时性

及时性要求企业对于已经发生的交易或者事项，应当及时进行确认、计量和报告，不得提前或者延后。

在会计确认、计量和报告过程中贯彻及时性要求，一是要求及时收集会计信息，即在交易或者事项发生后，及时收集各种原始单据或凭证；二是要求及时处理会计信息，即按照会计准则的规定，及时对交易或者事项进行确认和计量，并编制财务报告；三是要求及时传递会计信息，即按照国家规定的有关时限，及时地将编制的财务报告传递给报告使用者，便于其及时使用和决策。

任务小结

（一）会计基本假设，也叫会计核算前提或会计基本前提，是对会计核算空间和时间范围以及所采用的计量单位等所做的合理假定，是企业会计确认、计量、记录和报告的前提。

（二）会计主体是指会计工作服务的特定单位，是企业会计确认、计量和报告的空间范围。

（三）持续经营是指在可以预见的将来，企业将会按照当前的规模和状态继续经营下去，不会停业或破产。

（四）会计分期是将一个企业持续不断的生产经营活动人为地划分为一个个连续的、长短相等的期间。

（五）货币计量是指会计主体在会计确认、计量和报告时以货币作为计量尺度，反映会计主体的经济活动。

（六）会计信息质量要求是对企业财务报告中所提供的会计信息质量的基本要求，是使财务报告中所提供的会计信息对使用者决策有用应具备的基本特征。会计信息质量要求包括可靠性、相关性、可理解性、可比性、实质重于形式、重要性、谨慎性和及时性。

任务训练

任务训练二　熟悉会计核算前提与会计信息质量要求相关知识

（一）简述会计主体假设。

（二）简述持续经营假设。

（三）简述会计分期假设。

（四）什么是会计信息质量要求？《企业会计准则》规定的会计信息质量要求有哪些？

提示：坚持每天做附加训练（1）和附加训练（2）。

任务三　会计要素

01

任务导言

经济业务的发生意味着会计对象的内容发生了变动。那么，经济业务发生之后，引起了哪些项目变动，怎样变动？这些正是财务会计所要记录和反映的。所以，在学习记录经济业务之前有必要熟悉会计对象的类别，即会计要素。我国企业会计准则确定了资产、负债、所有者权益、收入、费用和利润六大会计要素，每一会计要素又可以进一步分成若干类。识别会计要素及其种类非常重要，它是用借贷记账法来表达经济业务事项增减变动的基础。本任务的学习应从每一会计要素的含义和分类两个方面来把握。

任务内容

一、会计要素的含义

会计要素是对会计对象进行分类所确定的类别，是会计核算对象的具体化。会计要素同时也为财务报表的构建提供了基本架构，因此，会计要素又称为财务报表因素。会计工作就是围绕着会计要素的确认、计量和报告来展开的。

企业会计准则确定了六大会计要素，即资产、负债、所有者权益、收入、费用和利润。其中：资产、负债和所有者权益是反映企业财务状况的要素，也是资产负债表的基本要素；收入、费用和利润则是反映企业经营成果的要素，也是利润表的基本要素。前三个要素反映企业资金运动的静态情况，后三个要素反映企业资金运动的动态情况。

二、会计要素的内容

（一）资产

1. 资产的含义

资产是指企业过去的交易或者事项形成的、由企业拥有或控制的、预期会给企业带来经济利益的资源。根据资产的含义，资产具有以下三个特征。

（1）资产是由企业过去的交易或事项形成的。资产必须是企业现时存在的财产物资，是过去发生的交易或事项的结果，而不是未来的交易或事项可能产生的结果，预期在未来发生的交易或事项不形成资产。

（2）资产是由企业拥有或控制的资源。资产作为一项资源必须为企业所拥有或控制。拥有或控制是指企业享有某项资源的所有权，或者虽然不享有某项资源的所有权，但该资源能被企业所控制。

（3）资产预期会给企业带来经济利益。经济利益是指直接或间接流入企业的现金或现金等价物。资产必须具有交换价值或使用价值，是可以给企业带来现金流入的资源。

2. 资产的分类

资产按其流动性的不同分为流动资产和非流动资产两大类。

流动资产是指在一年或者超过一年的一个营业周期内变现或者耗用的资产，包括货币资金、交易性金融资产（短期投资）、应收及预付款项、存货等。

非流动资产也称为长期资产，是指在一年以上或者超过一年的一个营业周期以上变现或耗用的资产，包括对外投资、对内投资、其他非流动资产等。

资产的分类如图 1-1 所示。

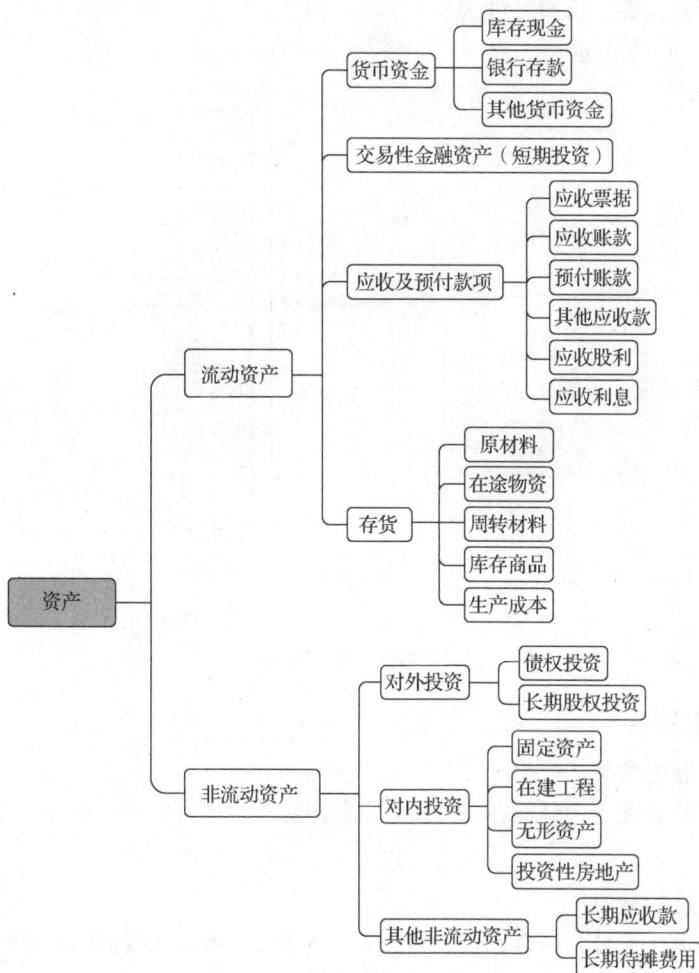

图 1-1 资产分类

（二）负债

1. 负债的含义

负债是指企业过去的交易或者事项形成的，预期会导致经济利益流出企业的现时义务。根据负债的含义，负债有以下三个特征。

（1）负债是企业过去的交易或者事项形成的。企业在未来发生的承诺、签订的合同等交易或事项，不能确认为负债。

（2）负债预期会导致经济利益流出企业。企业履行偿债义务，必定会导致经济利益流出企业。

（3）负债是企业的现时义务。现时义务是指企业在现行条件下已承担的义务，未来的交易或事项形成的义务，不能确认为负债。

2. 负债的分类

负债按其偿还期限的不同，可分为流动负债和非流动负债。

流动负债是指企业在一年或者超过一年的营业周期内必须偿还的各种债务，包括短期借款、应付票据、应付账款、预收账款、其他应付款、应付职工薪酬、应交税费、应付利息、应付股利等。

非流动负债也称长期负债，是指偿还期在一年或者超过一年的一个营业周期以上的各种债务，包括长期借款、应付债券、长期应付款等。

负债的分类如图 1-2 所示。

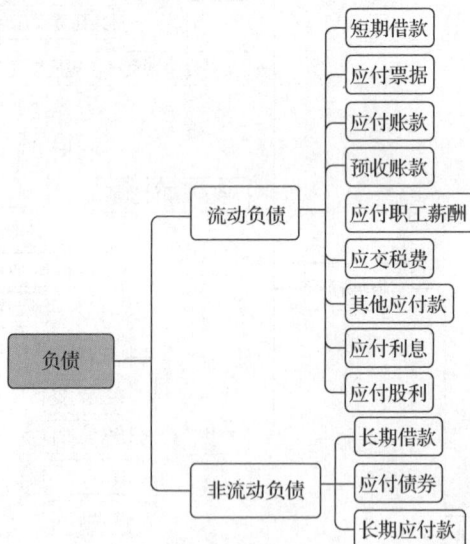

图 1-2 负债分类

（三）所有者权益

1. 所有者权益的含义

所有者权益是指企业资产总额扣除负债总额后由所有者享有的剩余权益。公司的所有者权益又称为股东权益。

2. 所有者权益的分类

所有者权益按其来源分为所有者投入的资本、直接计入所有者权益的利得和损失、留存收益三类。

所有者投入的资本是指所有者投入企业的资本，既包括构成企业注册资本的金额（实收资本），也包括投入资本超过注册资本部分的金额（资本公积）。

利得是指由企业非日常活动所形成的、会导致所有者权益增加的、与所有者投入资本无关的经济利益的流入。损失是指由企业非日常活动所发生的、会导致所有者权益减少的、与向所有者分配利润无关的经济利益的流出。但是，利得和损失，通常是计入当期损益（利润表）的，如营业外收入和营业外支出。而直接计入所有者权益的利得和损失，则比较少见。

留存收益是指盈余公积和未分配利润。

由于直接计入所有者权益的利得和损失非常少见，所以通常情况下，所有者权益主要由实收资本、资本公积、盈余公积和未分配利润四个部分构成。

实收资本是指投资者按照企业章程或者合同、协议的约定投入企业的构成注册资本的部分。

资本公积是指企业收到投资者出资额超出其在注册资本或股本中所占份额的部分。

盈余公积是指企业按规定从净利润中提取的企业积累资金。

未分配利润是指企业留待以后年度进行分配的结存利润。

所有者权益的分类如图 1-3 所示。

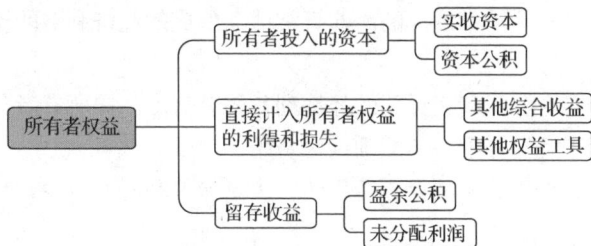

图 1-3　所有者权益分类

（四）收入

1. 收入的含义

收入是指企业在日常活动中形成的、会导致所有者权益增加的、与所有者投入资本无关的经济利益的总流入。根据收入的含义，收入具有以下三个特征。

（1）收入是企业日常活动中形成的。日常活动是指企业为完成经营目标所从事的经常性活动以及与之相关的活动。非日常活动形成的经济利益流入应确认为利得。

（2）收入是与所有者投入资本无关的经济利益的总流入。所有者投入资本也会导致经济利益流入企业，但它不能确认为收入。

（3）收入会导致所有者权益的增加。收入的取得意味着利润的增加，利润在分配之前属于所有者权益。

2. 收入的分类

（1）按企业从事日常活动的性质，收入分为销售商品收入、提供劳务收入、让渡资产使用权收入和建造合同收入。

让渡资产使用权收入主要包括利息收入、使用费收入、出租资产收取的租金、进行债券投资取得的利息、进行股权投资取得的现金股利收入等。建造合同收入是指根据工程建造合同的规定，在完成合同规定的工程进度或工程阶段，应确认的工程结算收入。

（2）按营业项目的主次，收入分为主营业务收入和其他业务收入。

主营业务收入是指企业经常性的、主要经营业务所产生的收入。其他业务收入是指企业除主营业务活动以外的其他日常生产经营活动实现的收入。

收入的分类如图 1-4 所示。

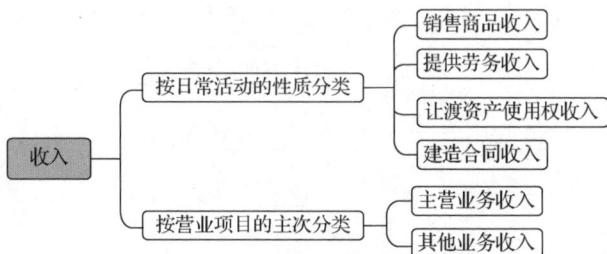

图 1-4　收入分类

（五）费用

1. 费用的含义

费用是指企业在日常活动中发生的、会导致所有者权益减少的、与向所有者分配利润无关的经济利益的流出。费用具有以下特征。

（1）费用是企业在日常活动中形成的。非日常活动形成的经济利益的流出不能确认为费用，应确认为损失。

（2）费用是与向所有者分配利润无关的经济利益的总流出。向所有者分配利润也会导致经济利益流出企业，但它属于利润分配，不能确认为费用。

（3）费用会导致所有者权益的减少。费用的发生意味着利润的减少，利润在分配之前属于所有者权益。

2. 费用的分类

按照《企业会计准则——基本准则》的界定，费用包括在利润表中列作营业收入减项的各项成本、费用或损失等，不包括资本化费用，即形成库存商品、固定资产、无形资产成本的各种费用。费用具体包括以下方面。

（1）营业成本。营业成本是指与当期营业收入相关的产品成本或劳务成本，包括主营业务成本和其他业务成本。

（2）税金及附加。税金及附加是指企业经营活动应负担的相关税费，包括消费税、城市维护建设税、教育费附加、资源税、土地增值税、房产税、城镇土地使用税、车船税、印花税等。

（3）期间费用。期间费用是指计入当期损益的费用，包括销售费用、管理费用和财务费用。

（4）损失性费用。损失性费用是指列作营业收入减项的各项损失，包括投资损失、公允价值变动损失、资产减值损失、资产处置损失等。

费用分类如图 1-5 所示。

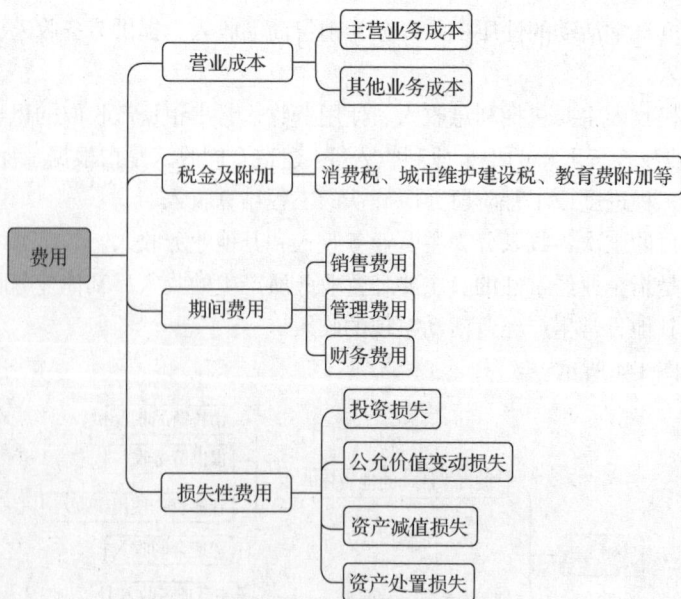

图 1-5　费用分类

（六）利润

1. 利润的含义

利润是指企业在一定会计期间的经营成果。利润包括收入减去费用后的净额、直接计入当期利润的利得和损失等。

2. 利润的构成

（1）营业利润。营业利润是指企业在销售商品、提供劳务等日常活动中所产生的利润，是企业最基本的经营活动成果，也是企业利润的主要来源。营业利润的计算公式如下：

营业利润=营业收入-营业成本-税金及附加-销售费用-管理费用-财务费用-资产减值损失-信用减值损失+其他收益+投资收益（-投资损失）+公允价值变动收益（-公允价值变动损失）+资产处置收益（-资产处置损失）

（2）利润总额。利润总额又称"税前利润"，是指企业在一定时期内通过生产经营活动所实现的最终财务成果，它由营业利润和营业外收支净额构成。利润总额的计算公式如下：

利润总额=营业利润+营业外收入-营业外支出

（3）净利润。净利润又称"税后利润"，是指企业当期利润总额减去所得税费用后的金额。净利润的计算公式为：

净利润=利润总额-所得税费用

任务小结

（一）会计要素是对会计对象进行分类所确定的类别，是会计核算对象的具体化。企业会计准则确定了资产、负债、所有者权益、收入、费用和利润六大会计要素。

（二）资产是指企业过去的交易或者事项形成的、由企业拥有或控制的、预期会给企业带来经济利益的资源。资产按其流动性的不同分为流动资产和非流动资产两大类。

（三）负债是指企业过去的交易或者事项形成的，预期会导致经济利益流出企业的现时义务。负债按其偿还期限的不同，分为流动负债和非流动负债。

（四）所有者权益是指企业资产总额扣除负债总额后由所有者享有的剩余权益。所有者权益主要由实收资本、资本公积、盈余公积和未分配利润四个分部构成。

（五）收入是指企业在日常活动中形成的、会导致所有者权益增加的、与所有者投入资本无关的经济利益的总流入。按企业从事日常活动的性质，收入分为销售商品收入、提供劳务收入、让渡资产使用权收入和建造合同收入。按营业项目的主次，收入分为主营业务收入和其他业务收入。

（六）费用是指企业在日常活动中发生的、会导致所有者权益减少的、与向所有者分配利润无关的经济利益的流出。费用主要包括营业成本、税金及附加、期间费用、损失性费用等。

（七）利润是指企业在一定会计期间的经营成果。利润包括收入减去费用后的净额、直接计入当期利润的利得和损失等。利润有营业利润、利润总额和净利润之分。

任务训练

任务训练三　熟悉会计要素相关知识

（一）什么是会计要素？会计要素有哪些？

（二）什么是所有者权益？所有者权益主要有哪些？

（三）什么是收入？什么是费用？收入、费用与所有者权益有何关系？

（四）什么是利润？利润有哪几种？

（五）判断表 1-1 中项目所属的会计要素，并在表中适当的位置打"√"作为标记。

表 1-1　　　　　　　　　　　会计要素

项目	资产		负债		所有者权益	收入	费用
	流动资产	非流动资产	流动负债	非流动负债			
库存现金							
短期借款							
银行存款							
应付账款							
应收票据							
应付票据							
其他货币资金							
预收账款							
税金及附加							
交易性金融资产							
债权投资							
预付账款							
应收账款							
原材料							
长期股权投资							
应付职工薪酬							
在途物资							
实收资本							
库存商品							
应交税费							
其他应收款							
其他应付款							
应收股利							
应付股利							
资产减值损失							
应收利息							
应付利息							
生产成本							
长期借款							

项目	资产		负债		所有者权益	收入	费用
	流动资产	非流动资产	流动负债	非流动负债			
管理费用							
资本公积							
固定资产							
在建工程							
主营业务收入							
无形资产							
周转材料							
主营业务成本							
应付债券							
长期应收款							
长期应付款							
投资性房地产							
资产处置损失							
盈余公积							
其他业务成本							
销售费用							
其他业务收入							
未分配利润							
财务费用							
投资损失							
公允价值变动损失							

提示：坚持每天做附加训练（1）和附加训练（2）。

任务四 会计计量与会计处理基础

01

任务导言

会计计量属性包括历史成本、重置成本、可变现净值、现值和公允价值五种。计量属性就是指用于计量会计要素的"尺子"，计量会计要素有五种不同的"尺子"。

会计处理基础主要解决跨期间的收入和费用的归属期的问题。会计处理基础有两种：收付实现制和权责发生制。企业会计准则规定，企业应当以权责发生制为基础进行会计确认、计量和报告。

会计计量与会计处理基础，都是理论问题，但也是为了解决会计工作中存在的实际问题。会计计量解决计量金额是多少的问题，采用的计量属性不同，计量的结果也会不同；而会计处理基础则解决计量的时间问题，即何时确认收入或费用。采用的会计处理基础不同，处理结果也不相同。

任务内容

一、会计计量

会计计量是为了将符合确认条件的会计要素登记入账并列报于财务报表而确定其金额的过程。《企业会计准则——基本准则》规定："企业在将符合确认条件的会计要素登记入账并列报于会计报表及其附注时，应当按照规定的会计计量属性进行计量，确定其金额。"

什么是计量属性？计量属性是指用于计量会计要素的"尺子"。会计计量属性主要有历史成本、重置成本、可变现净值、现值及公允价值。

（一）历史成本

历史成本又称原始成本、实际成本，是指为取得或制造某项财产物资实际支付的现金或现金等价物的金额。在历史成本计量下，资产按照购置时支付的现金或现金等价物的金额，或者按照购置资产时所付出对价的公允价值计量。负债按照因承担现时义务而实际收到的款项或者资产的金额，或者承担现时义务的合同金额，或者按照日常活动中为偿还负债预期需要支付的现金或者现金等价物的金额计量。

简单地说，历史成本计量，企业取得某项资产时，当时花费了多少成本，则该资产的账面价值就记多少，不再变动。

【例 1-1】企业购买原材料一批，买价 20 万元，运费 1 万元，则该批原材料实际成本记录为 21 万元。

历史成本计量，操作简便，企业大部分资产均采用历史成本计量。至于负债和所有者权益往往不会单独计量，它们总是与一定的资产相关的。如果资产按历史成本计量，则相关的负债及所有者权益也等于按历史成本计量。

【例 1-2】企业购入原材料一批，实际成本为 30 万元。假设货款未付，此时确认该批资产（原材料）的历史成本为 30 万元，由此形成的负债（应付账款）也是 30 万元。

【例 1-3】股东以 100 万元人民币出资投入企业，此时，企业资产（银行存款）的历史成本确认为 100 万元，由此形成的所有者权益（实收资本）也是 100 万元。

（二）重置成本

重置成本又称现行成本，是指按照当前市场条件，重新取得同样一项资产所需支付的现金或现金等价物的金额。在重置成本计量下，资产按照现在购买相同或者相似资产所需支付的现金或者现金等价物的金额计量。重置成本一般适用于盘盈资产、接受捐赠资产的计量。

【例 1-4】企业接受捐赠新设备一台，无相关凭证资料，历史成本无法取得。此时，可进行市场询价，假设重新购买该设备，需要花费 5 万元，则其重置成本为 5 万元，在账上登记该受赠资产金额为 5 万元。

【例 1-5】企业接受捐赠旧设备一台，估计六成新。假设该设备当前市价为 5 万元。则按市价和其新旧程度确认该设备重置成本为 3 万元。

（三）可变现净值

可变现净值，是指在正常生产经营过程中，以资产预计售价减去进一步加工成本和预计销售费用以及相关税费后的净值。在可变现净值计量下，资产按照其正常对外销售所能收到现金或者现金等价物的金额扣减资产至完工时估计将要发生的成本、估计的销售费用以及相关税费后的金额计量。

可变现净值计量，一般适用于资产减值比较严重情况下的后续计量。当资产减值较多时，如果仍按历史成本计价，则会计信息失真。所以，《企业会计准则第 1 号——存货》规定："资产负债表日，存货应当按照成本与可变现净值孰低法计量。"

（四）现值

现值是指对未来现金流量以恰当的折现率进行折现后的价值，是考虑货币时间价值因素的一种计量属性。在现值计量下，资产按照预计从其持续使用和最终处置中所产生的未来净现金流入量的折现金额计量，负债按照预计期限内需要偿还的未来净现金流出量的折现金额计量。

【例 1-6】假设 1 年后企业应收 1 万元，现在需要在账上确认应收账款，如果记录为 1 万元，就不正确。因为 1 年后的 1 万元不等于现在的 1 万元。1 年后的 1 万元折算为现在的金额是多少呢？这取决于折现率。假设折现率为 5%（用 r 表示），可按下列公式计算其现值。

现值$\times(1+r)=$终值

现值$\times(1+5\%)=10\ 000$

现值$=10\ 000\div1.05=9\ 523.81$

也就是说，1 年之后应收 10 000 元，现在要确认的话，只能按现值确认应收账款为 9 523.81 元。

【例 1-7】沿用【例 1-6】资料，假设 2 年后应收 1 万元，其现值又是多少？

现值$\times(1+5\%)^2=10\ 000$

现值$=10\ 000\div1.1\ 025=9\ 070.29$

即 2 年之后应收 10 000 元，现在只能按现值确认为 9 070.29 元。

现值适用于未来应收、应付金额的计量。例如，当固定资产以分期付款方式取得时，其入账成本选择未来付款总额的现值。再例如，以分期收款方式实现的销售收入，以未来收款额的现值作为收入的金额。

（五）公允价值

公允价值是指在公平交易中，熟悉情况的交易双方自愿进行资产交换或者债务清偿的金额。

在公允价值计量下，资产和负债按照市场参与者在计量日发生的有序交易中，出售资产所能收到或者转移负债所需支付的价格计量。

简单地说，公允价值计量，就是资产或负债要按公允价值在报表中反映，公允价值变了，要将账面价值调整为公允价值。而历史成本计量，公允价值变了，则不用调整账面价值。

【例 1-8】企业 9 月 2 日购入 A 公司股票 10 万股，确认为交易性金融资产。购入时每股 5 元，共计支付 50 万元；9 月 30 日，A 公司股票每股市价为 6 元；10 月 31 日，A 公司股票每股市价为 5.50 元。

按照会计准则规定，交易性金融资产采用公允价值计量。9 月 2 日，购入时的账面价值为 50 万元，9 月 30 日该股票的公允价值为 60 万元，公允价值比账面价值上涨了 10 万元（60 万元-50 万元），此时应通过账务调整，将账面价值调整增加 10 万元。到了 10 月 31 日，A 公司股票的公允价值为 55 万元，比账面价值减少了 5 万元（55 万元-60 万元），此时也要将账面价值调整到 55 万元。

公允价值主要适用于交易性金融资产、交易性金融负债、投资性房地产等公允价值容易获取的资产、负债的计量。

注意事项：会计计量属性的运用

企业在对会计要素进行计量时，一般应当采用历史成本。采用重置成本、可变现净值、现值、公允价值计量的，应当保证所确定的会计要素金额能够取得并可靠地计量。

二、会计处理基础

会计处理基础，又叫会计核算基础或会计确认基础，是指在确认一定会计期间的收入和费用时选择的处理原则和标准。会计处理基础有两种：收付实现制和权责发生制。

（一）收付实现制

1. 收付实现制的含义

收付实现制，又称现收现付制或现金制，以款项实际收到或付出的时间作为确认收入和费用的基础。在收付实现制下，凡是本期实际收到的款项，不论其是否属于本期实现的收入，都作为本期的收入处理；凡是本期付出的款项，不论其是否属于本期负担的费用，都作为本期的费用处理。反之，凡本期没有实际收到款项和付出款项，即使应属于本期，也不作为本期收入和费用处理。

会计处理基础

2. 收付实现制举例

【例 1-9】珠江公司 2023 年有关销售情况如下。

（1）3 月销售甲产品 100 万元，当月交付产品、开具发票并收到货款。

（2）3 月销售乙产品 150 万元，当月交付产品并开具发票，4 月收到货款。

（3）3 月预收丙产品订货款 20 万元，5 月交付产品 90 万元并开具发票，当月收到其余货款 70 万元。

此例假设采用收付实现制。第（1）种情况，销售甲产品 100 万元应确认为 3 月收入；第（2）种情况，销售乙产品 150 万元，应确认为 4 月的收入；第（3）种情况，销售丙产品 90 万元，应

在 3 月确认收入 20 万元，5 月确认收入 70 万元。

【例 1-10】珠江公司从银行取得短期借款 120 万元，借款限期为 2022 年 12 月 31 日—2023 年 12 月 31 日，年利率为 5%。银行按季收取利息，于每季季末月份收取利息。

此例假设采用收付实现制。银行分别于 3 月、6 月、9 月和 12 月收取利息 15 000 元，企业也分别于 3 月、6 月、9 月和 12 月确认利息费用 15 000 元，其他月份不确认利息费用。

【例 1-11】珠江公司 2022 年 11 月支付 2023 年度报刊费 60 000 元。

假设此例采用收付实现制，则应于 2022 年 11 月确认报刊费 60 000 元。

【例 1-12】珠江公司 2023 年 2 月支付上月电费 50 000 元。

假设此例采用收付实现制，则应于 2 月确认电费 50 000 元。

3. 收付实现制评价

采用收付实现制，期末无须进行账项调整，核算简单；但不能准确地反映会计主体特定会计期间真实财务状况和经营成果。

4. 收付实现制的适用范围

收付实现制一般适用于行政单位会计、财政总预算会计等。

（二）权责发生制

1. 权责发生制的含义

权责发生制，又称为应收应付制或应计制，以权利取得和责任完成的实际发生时间作为确认收入和费用的基础。在权责发生制下，凡是当期已经实现的收入和已经发生或负担的费用，不论款项是否收到或支付，都确认为本期的收入和费用；凡不属于本期的收入和费用，即使款项已在当期收付，也不确认为本期的收入和费用。

2. 权责发生制举例

【例 1-13】以【例 1-9】资料为例，假设采用权责发生制。第（1）种情况，销售甲产品 100 万元，当月交付产品并开具发票，应确认为 3 月的收入；第（2）种情况，销售乙产品 150 万元，当月交付产品并开具发票，应确认为 3 月的收入；第（3）种情况，销售丙产品 90 万元，5 月交付产品并开具发票，应全部确认为 5 月的收入。

【例 1-14】以【例 1-10】资料为例，假设采用权责发生制。珠江公司应于 2023 年 1—12 月，每月确认利息费用 5 000 元（1 200 000 × 5% ÷ 12）。

【例 1-15】以【例 1-11】资料为例，假设采用权责发生制。珠江公司应于 2023 年 1—12 月，每月确认费用 5 000 元（60 000 ÷ 12）。

【例 1-16】以【例 1-12】资料为例，假设采用权责发生制。珠江公司应于 2023 年 1 月确认费用（电费）50 000 元。

3. 权责发生制评价

权责发生制能准确地反映会计主体特定会计期间真实的财务状况和经营成果，提供的会计信息比较客观、公正、公允，更具有用性；缺点是期末要进行账务调整，核算比较麻烦。

4. 权责发生制适用范围

权责发生制适用于所有企业、事业单位。《企业会计准则——基本准则》规定："企业应当以权责发生制为基础进行会计确认、计量和报告。"

任务小结

（一）会计计量是为了将符合确认条件的会计要素登记入账并列报于财务报表而确定其金额的过程。会计计量属性主要有历史成本、重置成本、可变现净值、现值及公允价值。

（二）历史成本又称原始成本、实际成本，是指为取得或制造某项财产物资实际支付的现金或现金等价物的金额。

（三）重置成本又称现行成本，是指按照当前市场条件，重新取得同样一项资产所需支付的现金或现金等价物的金额。

（四）可变现净值，是指在正常生产经营过程中，以资产预计售价减去进一步加工成本和预计销售费用以及相关税费后的净值。

（五）现值是指对未来现金流量以恰当的折现率进行折现后的价值，是考虑货币时间价值因素的一种计量属性。

（六）公允价值是指在公平交易中，熟悉情况的交易双方自愿进行资产交换或者债务清偿的金额。

（七）会计处理基础，又叫会计核算基础或会计确认基础，是指在确认一定会计期间的收入和费用时选择的处理原则和标准。

（八）收付实现制，以款项实际收到或付出的时间作为确认收入和费用的基础。

（九）权责发生制，以权利取得和责任完成的实际发生时间作为确认收入和费用的基础。

任务训练

任务训练四　熟悉会计计量与会计处理基础相关知识

（一）历史成本计量与公允价值计量有何不同？

（二）什么是现值？假设折现率为 4.5%，一年后 10 万元的现值是多少？两年后 10 万元的现值是多少？三年后 10 万元的现值是多少？

（三）什么是收付实现制？什么是权责发生制？

（四）某公司 2023 年有关业务如下，要求分别采用收付实现制和权责发生制判断确定该公司 6 月的收入总额及费用总额。

（1）5 月 20 日，销售 A 公司商品一批，价款 200 000 元，6 月 2 日收到货款。

（2）5 月 21 日，预收 B 公司货款 250 000 元，6 月 20 日交付商品。

（3）6 月 10 日，销售 C 公司商品一批，价款 300 000 元，6 月 25 日收到货款。

（4）3 月 20 日，以银行存款支付 4～6 月房屋租金 60 000 元。

（5）6 月 5 日，以银行存款支付 5 月电费 30 000 元。

（6）7 月 5 日，以银行存款支付 6 月电费 32 000 元。

提示：坚持每天做附加训练（1）和附加训练（2）。

01

任务五　会计机构、会计人员与会计职业道德

任务导言

本任务的会计知识不难理解，初学者应该有一定的兴趣。比如：如何才能取得会计专业技术资格；参加会计专业技术资格考试的条件是什么，考试的内容是什么；什么是会计执业资格，如何取得会计执业资格；等等。这些应该都是初学者比较关心的问题。

会计机构是企业、单位重要的职能部门，会计岗位则是企业、单位重要的工作岗位。会计职业是光荣而神圣的，但会计职业也是一个容易犯错甚至犯罪的职业。作为财会工作者，自从入门学习的那一天开始，就应当牢记会计职业道德，严守会计职业道德！

任务内容

一、会计机构

（一）会计机构设置

会计机构是指单位内部设置的组织和办理会计事务的职能部门。合理地设置会计机构，是保证会计工作正常进行、充分发挥会计职能作用的重要条件。

《会计法》第三十六条规定："各单位应当根据会计业务的需要，设置会计机构，或者在有关机构中设置会计人员并指定会计主管人员；不具备设置条件的，应当委托经批准设立从事会计代理记账业务的中介机构代理记账。"

设置会计机构，应当配备会计机构负责人；在有关机构中配备专职会计人员，应当在专职会计人员中指定会计主管人员。会计机构负责人、会计主管人员的任免，应当符合《会计法》和有关法律的规定。会计机构负责人、会计主管人员应当具备下列基本条件：

（1）坚持原则，廉洁奉公；

（2）具备会计师以上专业技术职务资格或者从事会计工作不少于三年；

（3）熟悉国家财经法律、法规、规章和方针、政策，掌握本行业业务管理的有关知识；

（4）有较强的组织能力；

（5）身体状况能够适应本职工作的要求。

（二）会计工作岗位设置

企业可根据会计业务的需要，设置会计工作岗位，确定各岗位相应的职责。会计工作岗位一般分为：会计机构负责人或者会计主管人员、出纳、财产物资核算、工资核算、成本费用核算、财务成果核算、资金核算、往来结算、总账报表、稽核、档案保管等。开展会计电算化和管理会计的单位，可以根据需要设置相应工作岗位，也可以与其他工作岗位相结合。

会计工作岗位，可以一人一岗、一人多岗或一岗多人，各单位可以根据各岗位业务量的情况来确定。但出纳人员不得兼任稽核、会计档案保管和收入、支出、费用、债权债务账目的登记工作。会计人员的工作岗位应当有计划地进行轮换。

国家机关、国有企业、事业单位任用会计人员应当实行回避制度。单位领导人的直系亲属不

得担任本单位的会计机构负责人、会计主管人员。会计机构负责人、会计主管人员的直系亲属不得在本单位会计机构中担任出纳工作。需要回避的直系亲属为：夫妻关系、直系血亲关系、三代以内旁系血亲以及姻亲关系。

（三）代理记账

代理记账是指代理记账机构接受委托办理会计业务。代理记账机构是指依法取得代理记账资格，从事代理记账业务的机构。《会计基础工作规范》规定，没有设置会计机构或配备会计人员的单位，应当根据《代理记账管理办法》的规定，委托会计师事务所或者持有代理记账许可证的代理记账机构进行代理记账。

除会计师事务所以外的机构从事代理记账业务，应当经县级以上人民政府财政部门批准，领取由财政部统一规定样式的代理记账许可证书。会计师事务所及其分所可以依法从事代理记账业务。

申请代理记账资格的机构应当同时具备以下条件：

（1）为依法设立的企业；

（2）专职从业人员不少于3名，专职从业人员是指仅在一个代理记账机构从事代理记账业务的人员；

（3）主管代理记账业务的负责人具有会计师以上专业技术职务资格或者从事会计工作不少于3年，且为专职从业人员；

（4）有健全的代理记账业务内部规范。

代理记账机构从业人员应当具有会计类专业基础知识和业务技能，能够独立处理基本会计业务，并由代理记账机构自主评价认定。

代理记账机构可以接受委托办理下列业务：

（1）根据委托人提供的原始凭证和其他相关资料，按照统一的会计制度的规定进行会计核算，包括审核原始凭证、填制记账凭证、登记会计账簿、编制财务报告等；

（2）对外提供财务报告；

（3）向税务机关提供税务资料；

（4）委托人委托的其他会计业务。

二、会计人员

（一）会计人员范围及一般要求

会计人员是指根据《会计法》的规定，在国家机关、社会团体、企业、事业单位和其他组织中从事会计核算、实行会计监督等会计工作的人员。

会计人员包括从事下列具体会计工作的人员：出纳，稽核，资产、负债和所有者权益的核算，收入、费用的核算，财务成果的核算，财务报告编制，会计监督，会计机构内会计档案管理，其他会计工作。担任单位会计机构负责人（会计主管人员）、总会计师的人员，属于会计人员。

会计人员应当符合下列要求：

（1）遵守《会计法》和国家统一的会计制度等法律法规；

（2）具备良好的职业道德；

（3）按照国家有关规定参加继续教育；

（4）具备从事会计工作所需要的专业能力。

（二）会计专业职务（会计职称）

根据 2019 年 1 月 11 日财政部、人力资源社会保障部《关于深化会计人员职称制度改革的指导意见》（人社部发〔2019〕8 号），会计人员职称层级分为初级、中级、副高级和正高级，其对应的职称名称为：助理会计师、会计师、高级会计师和正高级会计师。

（三）会计专业技术资格

会计专业技术资格是指担任会计专业职务的任职资格，简称"会计资格"。会计专业技术资格分为初级资格、中级资格和高级资格三个级别，分别对应初级、中级、副高级会计职称的任职资格。目前，初级、中级资格实行全国统一考试制度，高级资格实行考试与评审相结合制度。

会计专业技术资格考试实行全国统一组织、统一考试时间、统一考试大纲、统一考试命题、统一合格标准的考试制度。会计专业技术资格考试采用无纸化考试方式，原则上每年举行一次。

报名参加初级资格考试的人员，应具备下列条件：

（1）坚持原则，具备良好的职业道德品质。

（2）认真执行《会计法》和国家统一的会计制度，以及有关财经法律、法规、规章制度，无严重违反财经纪律的行为。

（3）履行岗位职责，热爱本职工作。

（4）具备国家教育部门认可的高中毕业（含高中、中专、职高和技校）及以上学历。

> **注意事项**：我国会计从业资格制度的改进
>
> 2017 年 11 月，第十二届全国人民代表大会常务委员会表决通过了关于修改《会计法》的决定，正式将"从事会计工作的人员，必须取得会计从业资格证书"的规定，改为"会计人员应当具备从事会计工作所需要的专业能力"。随之，国家取消了会计从业资格证考试制度，改为以会计专业技术资格考试中的初级资格（助理会计师）为会计人员从业资格，并且允许符合初级资格考试条件（1）至（3）条的在校学生参加该资格的考试。

初级资格考试的科目为初级会计实务和经济法基础，参加考试的人员必须在一个考试年度内通过全部科目的考试。

报名参加中级资格考试的人员，其报考条件除具备初级资格考试报考的前三个条件外，还应具备下列条件之一。

（1）取得大学专科学历，从事会计工作满 5 年。

（2）取得大学本科学历或学士学位，从事会计工作满 4 年。

（3）取得第二学士学位或研究生班毕业，从事会计工作满 2 年。

（4）取得硕士学位，从事会计工作满 1 年。

（5）取得博士学位。

（6）通过全国统一考试，取得经济、统计、审计专业技术中级资格。

中级资格考试的科目为中级会计实务、财务管理和经济法，会计专业中级资格考试以 2 年为 1 个周期，参加中级资格考试的人员必须在 2 个考试年度内通过全部科目。

（四）会计人员继续教育

根据《会计专业技术人员继续教育规定》，国家机关、企业、事业单位以及社会团体等组织具有会计专业技术资格的人员，或不具有会计专业技术资格但从事会计工作的人员享有参加继续教育的权利和接受继续教育的义务。用人单位应当保障本单位会计专业技术人员参加继续教育的权利。

具有会计专业技术资格的人员应当自取得会计专业技术资格的次年开始参加继续教育，并在规定时间内取得规定学分。不具有会计专业技术资格但从事会计工作的人员应当自从事会计工作的次年开始参加继续教育，并在规定的时间内取得规定学分。

继续教育内容包括公需科目和专业科目。公需科目包括专业技术人员应当普遍掌握的法律法规、政策理论、职业道德、技术信息等基本知识。专业科目包括会计专业技术人员从事会计工作应当掌握的财务会计、管理会计、财务管理、内部控制与风险管理、会计信息化、会计职业道德、财税金融、会计法律法规等相关专业知识。

会计专业技术人员参加继续教育实行学分制管理。每年参加继续教育取得的学分不少于 90 学分，其中，专业科目一般不少于总学分的三分之二。会计专业技术人员参加继续教育取得的学分，在全国范围内当年有效，不得结转以后年度。其学分计量标准如下。

（1）参加全国会计专业技术资格考试等会计相关考试，每通过一科或被录取的，折算为 90 学分。

（2）参加会计类专业会议，每天折算为 10 学分。

（3）参加国家教育行政主管部门承认的中专以上会计类专业学历（学位）教育，通过当年度一门学习课程考试或考核的，折算为 90 学分。

（4）独立承担继续教育管理部门或行业组织（团体）的会计类研究课题，课题结项的，每项研究课题折算为 90 学分；与他人合作完成的，每项研究课题的课题主持人折算为 90 学分，其他参与人每人折算为 60 学分。

（5）独立在有国内统一刊号（CN）的经济、管理类报纸、期刊上发表会计类论文的，每篇论文折算为 30 学分；与他人合作发表的，每篇论文的第一作者折算为 30 学分，其他作者每人折算为 10 学分。

（6）独立公开出版会计类书籍的，每本会计类书籍折算为 90 学分；与他人合作出版的，每本会计类书籍的第一作者折算为 90 学分，其他作者每人折算为 60 学分。

（7）参加其他形式的继续教育，学分计量标准由各省、自治区、直辖市、计划单列市财政厅（局）、新疆生产建设兵团财政局会同本地区人力资源社会保障部门、中央主管单位制定。

（五）会计执业资格

会计执业资格是指注册会计师（Certified Public Accountant，CPA）。注册会计师是指依法取得注册会计师证书并接受委托从事审计和会计咨询、会计服务业务的执业人员。注册会计师执行业务，应当加入会计师事务所。会计师事务所是依法设立并承办注册会计师业务的机构。

《注册会计师法》规定，国家实行注册会计师全国统一考试制度。从事注册会计师职业，必须取得注册会计师考试合格证；注册会计师在会计师事务所从事审计工作两年以上，申请注册取得执业资格，才能独立承担审计业务。未取得执业资格的会计师事务所从业人员，一般为注册会计师的助理人员。

注册会计师全国统一考试分为专业阶段和综合阶段两个阶段。其中：报名参加注册会计师专业阶段考试的人员，应具备下列条件：

（1）具有完全民事行为能力；

（2）具有高等专科以上学校毕业学历，或者具有会计或者相关专业中级以上技术职称。

报名参加注册会计师综合阶段考试的人员，应具备下列条件：

（1）具有完全民事行为能力；

（2）已取得注册会计师全国统一考试专业阶段考试合格证。

有下列情形之一的人员，不得报名参加注册会计师全国统一考试：

（1）因被吊销注册会计师证书，自处罚决定之日起到报名截止之日止不满5年者；

（2）以前年度参加注册会计师全国统一考试因违规而受到禁考处理，期限未满者。

注册会计师全国统一考试专业阶段主要测试考生是否具备注册会计师执业所需要的专业知识，是否掌握基本的职业技能和职业道德规范，设会计、审计、财务成本管理、公司战略与风险管理、经济法、税法6个科目。专业阶段考试报名人员可以同时报考6个科目，也可选择报考部分科目，但是6个科目需要在连续的5年内通过。专业阶段考试的单科考试合格成绩5年内有效。综合阶段主要测试考生是否具备在职业环境中综合运用业务知识，坚持正确的职业价值观、遵从职业道德要求、保持正确的职业态度，有效解决实务问题的能力，设职业能力综合测试科目，分成试卷一和试卷二。

三、会计职业道德

会计职业道德是指会计人员在会计工作中应当遵循的、体现会计职业特征、调整会计职业关系的职业行为准则和规范。会计职业道德的主要内容包括爱岗敬业、诚实守信、廉洁自律、客观公正、坚持准则、提高技能、参与管理、强化服务八个方面。

（一）爱岗敬业

爱岗就是热爱自己的工作岗位，热爱本职工作。敬业就是用一种严肃的态度对待自己的工作。爱岗敬业是会计职业道德的基础和基本要求，是否爱岗敬业是判断每个从业者是否有职业道德的首要标志。爱岗敬业，要求会计人员正确认识会计职业，树立职业荣誉感；热爱会计工作，敬重会计职业；安心工作，任劳任怨；严肃认真，一丝不苟；忠于职守，尽职尽责。

（二）诚实守信

诚实守信是职业道德的基本要求，甚至被视为安邦治国、修身养性的根本。诚实守信，要求会计人员做老实人，说老实话，不搞虚假；保密守信，不为利益所诱惑；执业谨慎，信誉至上。

（三）廉洁自律

廉洁就是不贪钱财，不收受贿赂，保持清白。自律是指按照一定的标准，自己约束自己、自己控制自己的言行和思想过程。廉洁自律是中华民族的一种传统美德，也是会计职业道德规范的重要内容之一。廉洁自律，要求会计人员树立正确的人生观和价值观；公私分明，不贪不占；遵纪守法，一身正气。

（四）客观公正

客观是指按事物的本来面目去反映，不掺杂个人主观意愿，不为他人意志所左右。公正就是平等、公平、正直，没有偏失。客观公正是会计人员必须具备的行为品德，是会计职业道德规范的灵魂。客观公正，要求会计人员端正态度，依法办事；实事求是，不偏不倚；如实反映，保持应有的独立性。

（五）坚持准则

坚持准则是指会计人员在处理业务过程中，要严格按照会计法律制度办事，不为主观或他人意志左右。坚持准则，要求会计人员熟悉国家法律、法规和国家统一的会计制度，始终坚持按法律、法规和国家统一的会计制度的要求进行会计核算，实行会计监督。会计人员在实际工作中，应当以准则作为自己的行动指南，在发生道德冲突时，应坚持准则，维护国家利益、社会公众利益和正常的经济秩序。

（六）提高技能

职业技能是指从事某一职业在相应专业技术方面所应具备的能力或应当达到的水平。会计是一项技术性很强的工作，从业人员必须具备一定的素质才能胜任会计工作。提高技能，要求会计人员具有不断提高会计专业技能的意识和愿望；具有勤学苦练的精神和科学的学习方法，刻苦钻研，不断进取，努力提高业务水平。

（七）参与管理

参与管理要求会计人员在做好本职工作的同时，努力钻研业务，全面熟悉本单位经营活动和业务流程，主动提出合理化建议，积极参与管理，使管理活动更有针对性和时效性。

（八）强化服务

强化服务就是要求会计人员具有文明的服务态度、强烈的服务意识和优良的服务质量。强化服务，要求会计人员树立服务意识，提高服务质量，努力维护和提升会计职业的良好社会形象。

任务小结

（一）会计机构是指单位内部设置的组织和办理会计事务的职能部门。各单位应当根据会计业务的需要，设置会计机构，或者在有关机构中设置会计人员并指定会计主管人员；不具备设置条件的，应当委托经批准设立从事会计代理记账业务的中介机构代理记账。

（二）会计工作岗位一般分为：会计机构负责人或者会计主管人员、出纳、财产物资核算、工资核算、成本费用核算、财务成果核算、资金核算、往来结算、总账报表、稽核、档案保管等。

（三）代理记账是指代理记账机构接受委托办理会计业务。代理记账机构是指依法取得代理记账资格，从事代理记账业务机构。

（四）会计人员是指根据《会计法》的规定，在国家机关、社会团体、企业、事业单位和其他组织中从事会计核算、实行会计监督等会计工作的人员。

（五）会计人员职称层级分为初级、中级、副高级和正高级，其对应的职称名称为：助理会计师、会计师、高级会计师和正高级会计师。

（六）会计专业技术资格是指担任会计专业职务的任职资格，简称"会计资格"。会计专业技术资格分为初级资格、中级资格和高级资格三个级别，分别对应初级、中级、副高级会计称职的任职资格。

01

（七）国家机关、企业、事业单位以及社会团体等组织具有会计专业技术资格的人员，或不具有会计专业技术资格但从事会计工作的人员享有参加继续教育的权利和义务。

（八）会计执业资格是指注册会计师。注册会计师是指依法取得注册会计师证书并接受委托从事审计和会计咨询、会计服务业务的执业人员。

（九）会计职业道德是指会计人员在会计工作中应当遵循的、体现会计职业特征、调整会计职业关系的职业行为准则和规范。会计职业道德的主要内容包括爱岗敬业、诚实守信、廉洁自律、客观公正、坚持准则、提高技能、参与管理、强化服务八个方面。

任务训练

任务训练五　熟悉会计机构、会计人员、会计职业道德等相关知识

（一）企业应如何设置会计工作岗位？

（二）申请代理记账资格的机构应同时具备哪些条件？

（三）初级会计专业技术资格的报考条件是什么？

（四）会计人员继续教育的内容和要求是什么？

（五）什么是会计职业道德？会计职业道德的主要内容有哪些？

提示：坚持每天做附加训练（1）和附加训练（2）。

项目测试

一、判断题（每小题 2 分，本题 20 分）

（1）会计是以货币为主要计量单位，采用专门方法和程序，对企业、行政及事业等单位的经济活动进行完整、连续、系统的核算和监督，以提供经济信息和反映受托责任履行情况为主要目的的经济管理活动。（　　）

（2）《企业会计准则——基本准则》与《企业会计准则第 1 号——存货》等 42 项具体会计准则都属于会计规范性文件。（　　）

（3）会计主体不一定是法人，法人也不一定是会计主体。（　　）

（4）如果只有持续经营，没有会计分期，则无法确定企业的财务状况、经营成果及现金流量等相关信息。（　　）

（5）流动资产是指在一年以上或者超过一年的一个营业周期以上变现或耗用的资产。（　　）

（6）利润总额又叫税后利润，是指企业在一定时期内通过生产经营活动所实现的最终财务成果，它由营业利润和营业外收支净额构成。（　　）

（7）企业、行政及事业单位应采用权责发生制作为会计处理基础。（　　）

（8）企业在对会计要素进行计量时，一般应采用历史成本。（　　）

（9）取得大学专科学历，从事会计工作满 4 年，可以报名参加中级资格考试。（　　）

（10）会计职业道德的主要内容包括爱岗敬业、诚实守信、廉洁自律、客观公正、坚持准则、提高技能、参与管理、强化服务八个方面。（　　）

二、单选题（每小题 3 分，本题 30 分）

（1）会计的基本职能是（　　）。

A. 核算与监督　　　B. 核算与预测　　　C. 核算与分析　　　D. 核算与决策

（2）会计核算方法中最重要，也最难掌握的方法是（　　）。

A. 设置账户　　　B. 复式记账　　　C. 登记账簿　　　D. 编制会计报表

（3）下列不属于会计信息质量要求的是（　　）。

A. 可靠性　　　B. 实质重于形式　　　C. 相关性　　　D. 一致性

（4）界定会计核算空间范围的会计假设是（　　）。

A. 会计主体　　　B. 持续经营　　　C. 会计分期　　　D. 货币计量

（5）下列项目中，不属于期间费用的是（　　）。

A. 销售费用　　　B. 管理费用　　　C. 财务费用　　　D. 制造费用

（6）下列项目中，不属于负债的是（　　）。

A. 预收账款　　　B. 应付票据　　　C. 应交税费　　　D. 预付账款

（7）按照权责发生制，下列应确认为当月收入的是（　　）。

A. 预收销售商品定金

B. 本月销售商品一批，货款暂未收到

C. 收回以前月份销售商品的货款

D. 收回以前月份销售商品的应收票据款

（8）按照权责发生制，下列应确认为当月费用的是（　　　）。

    A. 支付上月电费　　　　　　　　　　B. 支付下一年度保险费

    C. 支付下一年度租赁费　　　　　　　D. 本月应负担的借款利息

（9）下列属于资产项目的是（　　　）。

    A. 应付账款　　　　B. 预付账款　　　　C. 预收账款　　　　D. 实收资本

（10）下列属于所有者权益项目的是（　　　）。

    A. 短期投资　　　　B. 短期借款　　　　C. 投资收益　　　　D. 未分配利润

三、多选题（每小题 5 分，本题 50 分）

（1）我国会计规范包括（　　　）。

    A. 会计法律　　　　　　　　　　　　B. 会计行政法规

    C. 会计部门规章　　　　　　　　　　D. 会计规范性文件

（2）企业会计准则体系包括（　　　）。

    A.《企业会计准则——基本准则》　　B. 企业会计具体准则

    C.《企业会计准则——应用指南》　　D. 企业会计准则解释

（3）属于对会计核算时间范围设定的会计假设有（　　　）。

    A. 会计主体　　　　B. 持续经营　　　　C. 会计分期　　　　D. 货币计量

（4）下列属于会计信息质量要求的有（　　　）。

    A. 重要性　　　　　B. 谨慎性　　　　　C. 合理性　　　　　D. 及时性

（5）下列项目中属于流动资产的有（　　　）。

    A. 应收账款　　　　B. 原材料　　　　　C. 预付账款　　　　D. 固定资产

（6）下列项目中属于所有者权益的有（　　　）。

    A. 实收资本　　　　B. 资本公积　　　　C. 盈余公积　　　　D. 未分配利润

（7）下列属于会计计量属性的有（　　　）。

    A. 历史成本　　　　B. 现值　　　　　　C. 公允价值　　　　D. 到期值

（8）下列属于会计处理基础的有（　　　）。

    A. 收付实现制　　　B. 权责发生制　　　C. 重置成本　　　　D. 可变现净值

（9）会计工作岗位，可以（　　　）。

    A. 一人一岗　　　　B. 一人多岗　　　　C. 多人一岗　　　　D. 多人多岗

（10）下列关于会计人员继续教育的说法，正确的有（　　　）。

    A. 具有会计专业技术资格的人员应当自取得会计专业技术资格的当年开始参加继续教育

    B. 继续教育内容包括公需科目和专业科目

    C. 每年参加继续教育取得的学分不少于 90 学分，其中，专业科目一般不少于总学分的三分之二

    D. 会计专业技术人员参加继续教育取得的学分，在全国范围内当年有效，不得结转以后年度

项目二

借贷记账法原理

项目内容 ↓

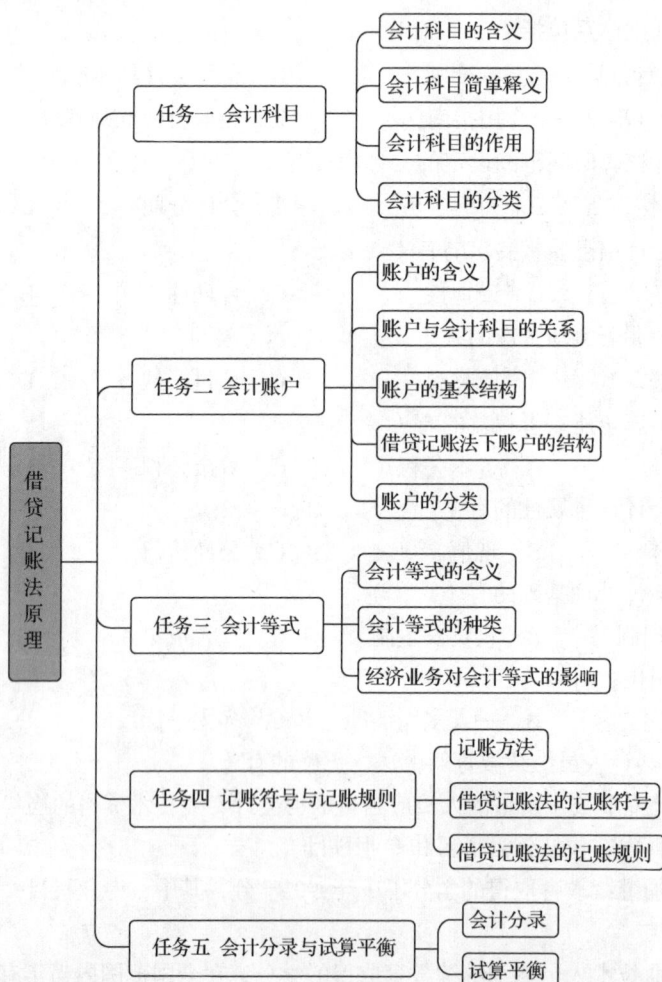

项目说明 ↓

会计科目、会计账户和会计等式虽然不是借贷记账法的基本内容，但都与借贷记账法密切相关。借贷记账法要利用账户来记录经济业务，而账户必须根据会计科目来设置。如果没有会计等式就没有借贷记账法的记账规则和试算平衡。利用借贷记账法记录经济业务之前要确定每一业务事项应借、应贷的会计科目及其金额，即会计分录。借贷记账法是会计基础课程的核心和灵魂，而编写会计分录则是借贷记账法的核心和灵魂。学习者如果能正确编写会计分录，说明掌握了借贷记账法，后续学习将会一通百通。借贷记账法是一种科学、完善、方便的复式记账方法，也是世界通用的会计语言，但它也是具有一定技术含量的业务技能，不是一朝一夕就能掌握的。

本项目任务训练的内容均为根据简单经济业务编写会计分录。前四个任务虽然还没有讲到会计分录，但是，在任课教师的指导下，学生可以提前做相关的练习，目的是提高效率，快速入门。学习会计科目、会计账户、会计等式、记账符号、记账规则等相关知识，最终的目的都是编写会计分录。

项目目标 ↓

02

（一）理解会计科目的含义，熟悉企业常用会计科目的名称及其类别；

（二）理解账户的含义、账户与会计科目的关系，熟悉账户的基本结构，掌握借贷记账法下账户的结构；

（三）理解会计等式及经济业务对综合会计等式的影响；

（四）掌握借贷记账法记账符号的含义和记账规则；

（五）能编制简单经济业务的会计分录，能利用发生额进行试算平衡。

任务一　会计科目

任务导言

　　会计基础课程的核心是借贷记账法。会计科目看似不属于借贷记账法的基本内容，但它却是运用借贷记账法必须掌握的知识。对于学习者来说，只有熟悉了企业常用的会计科目，才能熟练、准确地运用借贷记账法来处理经济业务事项。所以，学习者在开始学习借贷记账法之前一定要熟悉会计科目，这一点非常重要！这就是本书从教学的第一堂课开始就要求学习者每天阅读会计科目表的原因。

　　怎样才算熟悉会计科目呢？至少应达到三点要求：一是记住科目的名称，就像记住全班同学的姓名一样；二是理解每一科目的含义，通过科目的含义大致了解其核算的内容；三是知道每一科目所属的类别，因为不同类别的科目其借贷的含义是不同的。

任务内容

一、会计科目的含义

　　会计对象被分成六大类，即六大会计要素：资产、负债、所有者权益、收入、费用和利润。但这并不能满足提供会计信息的需要，从会计信息使用者方面来看，六大会计要素的增减变动情况太笼统，对于管理和决策没有什么意义。为提供更详细的会计信息，有必要把每一个会计要素进一步分类，分类的结果就是会计科目。所以，会计科目是指对会计要素的具体内容进行分类核算所确定的项目。我国企业常用会计科目如表 2-1 所示。

表 2-1　　　　　　　　　　　　企业常用会计科目表

序号	科目名称	序号	科目名称
一、资产类		15	周转材料
1	库存现金	16	存货跌价准备
2	银行存款	17	债权投资
3	其他货币资金	18	长期股权投资
4	交易性金融资产	19	长期应收款
5	应收票据	20	固定资产
6	应收账款	21	累计折旧
7	预付账款	22	在建工程
8	应收股利	23	无形资产
9	应收利息	24	累计摊销
10	其他应收款	25	长期待摊费用
11	坏账准备	26	待处理财产损溢
12	在途物资	二、负债类	
13	原材料	27	短期借款
14	库存商品	28	应付票据

续表

序号	科目名称	序号	科目名称
29	应付账款	44	生产成本
30	预收账款	45	制造费用
31	应付职工薪酬	46	劳务成本
32	应交税费	47	研发支出
33	应付利息	五、损益类	
34	应付股利	48	主营业务收入
35	其他应付款	49	其他业务收入
36	长期借款	50	投资收益
37	应付债券	51	营业外收入
38	长期应付款	52	主营业务成本
三、所有者权益类		53	其他业务成本
39	实收资本	54	税金及附加
40	资本公积	55	销售费用
41	盈余公积	56	管理费用
42	本年利润	57	财务费用
43	利润分配	58	营业外支出
四、成本类		59	所得税费用

02

二、会计科目简单释义

为了帮助学习者理解各会计科目的含义，现将企业常用会计科目简单释义如下（此处不过度考虑严谨性，仅为辅助理解使用）。

（1）库存现金：库存的现钞。

（2）银行存款：存入银行的活期存款。

（3）其他货币资金：存入银行具有专门用途的存款。

（4）交易性金融资产：准备随时出售的股票、债券、基金等投资。

（5）应收票据：应收取的商业汇票票款（人家欠我的票款）。

（6）应收账款：应收取的销售商品、提供劳务款项（人家欠我的货款）。

（7）预付账款：预付的购买货物或接受劳务供应的定金（我付给人家的定金）。

（8）应收股利：应收取的对外投资利润。

（9）应收利息：应收取的债券投资利息。

（10）其他应收款：别的应收款科目以外的应收款项。

（11）坏账准备：为弥补坏账损失而计提的准备金。

（12）在途物资：尚未验收入库的材料、商品等货物。

（13）原材料：库存的原料及主要材料。

（14）库存商品：库存的产品或商品。

（15）周转材料：库存的低值易耗品、包装物等。

（16）存货跌价准备：为弥补存货跌价损失而计提的准备金。

（17）债权投资：购入的准备长期持有的债券投资。

（18）长期股权投资：购入或取得的准备长期持有的股权投资。

（19）长期应收款：应收期限在一年以上的款项。

（20）固定资产：单位价值高、使用时间长的资产，如房屋及建筑物、机器设备等。

（21）累计折旧：累计计提的固定资产折旧（累计收回的固定资产投资成本）。

（22）在建工程：正在建造的工程所发生的成本。

（23）无形资产：无实物形态的资产，如专利权、非专利技术、土地使用权等。

（24）累计摊销：累计计提的无形资产摊销（累计收回的无形资产投资成本）。

（25）长期待摊费用：摊销期限超过一年的待摊费用。

（26）待处理财产损溢：尚未处理完毕的资产损失或收益。

（27）短期借款：借款期限不超过一年的借款。

（28）应付票据：应偿还的商业汇票票款（我欠人家的票款）。

（29）应付账款：应偿还的购货、接受劳务供应款项（我欠人家的货款）。

（30）预收账款：预收的销售货物或提供劳务的定金（我收人家的定金）。

（31）应付职工薪酬：应付给职工的工资、福利费等薪酬（我欠职工的薪酬）。

（32）应交税费：应上交给国家的各项税费（我欠国家的税款）。

（33）应付利息：应偿还的借款利息。

（34）应付股利：应付给股东的利润分红款。

（35）其他应付款：别的应付款科目以外的应付款项。

（36）长期借款：借款期限超过一年的借款。

（37）应付债券：发行的期限超过一年的债券。

（38）长期应付款：期限超过一年的应付款项。

（39）实收资本：实际收到的计入注册资本的股东出资款。

（40）资本公积：股东共同享有的公积金。

（41）盈余公积：从净利润中提取的公积金（企业留存的公积金）。

（42）本年利润：当年实现的利润。

（43）利润分配：已经分配的利润和尚未分配的利润。

（44）生产成本：为生产产品而发生的各项成本。

（45）制造费用：生产车间发生的间接费用。

（46）劳务成本：对外提供劳务而发生的成本。

（47）研发支出：为研究和开发无形资产而发生的各项支出。

（48）主营业务收入：主要经营业务取得的收入。

（49）其他业务收入：非主营业务取得的收入。

（50）投资收益：对外投资取得的收入。

（51）营业外收入：日常经营业务之外取得的收入。

（52）主营业务成本：主要经营业务发生的成本。

（53）其他业务成本：非主营业务发生的成本。

（54）税金及附加：经营活动发生的税费。

（55）销售费用：为销售产品而发生的费用。

（56）管理费用：为企业经营管理而发生的费用。

（57）财务费用：为筹集资金而发生的费用。

（58）营业外支出：日常经营业务之外发生的支出。

（59）所得税费用：因上交所得税而产生的费用。

三、会计科目的作用

设置会计科目对财务会计来说，具有非常重要的意义。可以说，如果不设置会计科目，一切财务会计工作就无法开展，也就没有现代财务会计。具体来说，会计科目具有下列作用。

（1）会计科目为会计信息的分类和加工提供方便。财务会计的核心是采用复式记账的方法，将发生的经济业务事项分类地记录在有关账户之中，会计科目的设置为经济业务事项的分类提供了方便。

（2）会计科目为设置账户提供依据。发生的经济业务需要分类记录在账户之中，账户从何而来？账户要根据会计科目来开设。没有会计科目就没有账户，没有账户就无法记录经济业务事项。

四、会计科目的分类

（一）按经济内容（会计要素）分类

会计科目按其反映的经济内容（会计要素）不同，可分为五大类：资产类科目、负债类科目、所有者权益类科目、成本类科目和损益类科目，这就是会计科目表对会计科目的分类。

前文已经指出，会计科目是对会计要素进一步分类的结果。六个会计要素，为什么分成五类会计科目，而且会计科目的类别与会计要素的名称还不完全对应？这个问题有必要弄清楚。会计对象、会计要素与会计科目的关系如图 2-1 所示。

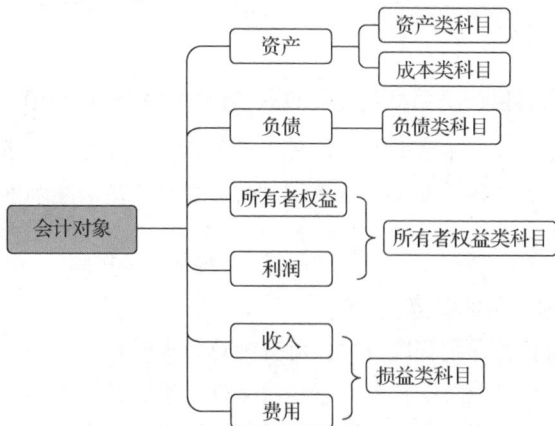

图 2-1　会计对象、会计要素与会计科目的关系

图 2-1 已经将会计要素与会计科目类别的关系说清楚，但有几点需要解释一下。

（1）资产要素对应两类科目：资产类科目和成本类科目。为什么要一分为二呢？这是长期以来我国会计科目习惯性的分类方法。其实，成本类科目并入资产类，没有问题。实际上成本类账户期末如果出现余额，其余额也是在资产负债表中资产项目下列示的。

（2）所有者权益和利润两个要素的科目为什么要合并为所有者权益类科目？利润要素有两个科目即"本年利润"和"利润分配"，但是企业实现的利润在分配之前属于未分配利润，而未分配利润属于所有者权益的组成内容，所以，将利润类科目并入所有者权益类更加简明、准确，没有必要单独成为一类。

（3）收入和费用两个要素的科目合并成了损益类科目。这两个要素的科目为什么要合并呢？这也是长期以来我国会计科目习惯性的分类方法。将收入类科目与费用类科目混在一起，初学者往往混淆不清，这里我们把损益类科目再做一个详细分类，如图2-2所示。

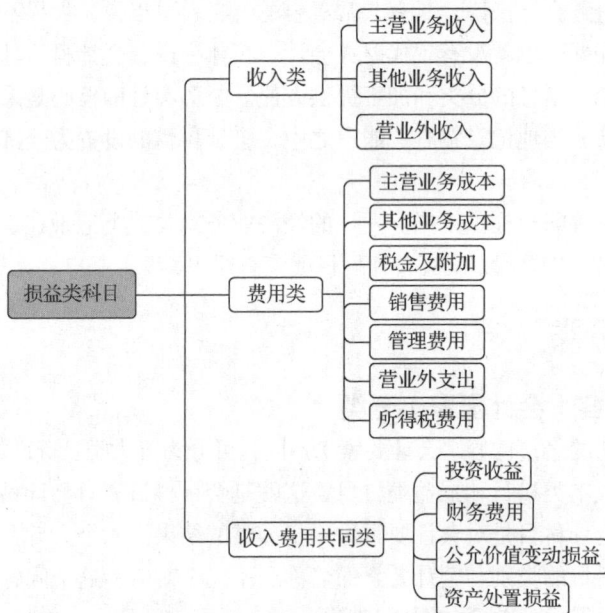

图2-2　损益类科目分类

注意事项：收入类科目、费用类科目及收入费用共同类科目有何区别？

　　收入类科目只核算收入，不核算费用；费用类科目只核算费用，不核算收入；收入费用共同类科目，既核算收入又核算费用。这类账户借方登记费用的增加和收入的减少，贷方登记收入的增加和费用的减少。

（二）按提供信息的详细程度分类

会计科目按其提供信息的详细程度分类，可分为总分类科目和明细分类科目。

总分类科目又称一级科目或总账科目，它是对会计要素的具体内容进行总括分类、提供总括信息的会计科目。总分类科目反映各类经济业务的总括情况，是进行总分类核算的依据。会计科目表列示的科目均为总分类科目。

明细分类科目又称明细科目，是对总分类科目做进一步的分类，提供更为详细、具体会计信息的科目。对于明细科目较多的总分类科目，可以在总分类科目与明细科目之间设置二级或多级明细科目，如设置二级明细科目、三级明细科目等。二级明细科目是对总分类科目进一步分类的科目，三级明细科目则是对二级明细科目进一步分类的科目。明细科目反映各类经济业务的详细情况，提供更为详细的信息。

例如，"原材料"科目一般应当进行三级核算，在"原材料"一级科目下，应当设置"原材料及主要材料""辅助材料""外购半成品""修理用备件""包装材料""燃料"等二级明细科目，在二级明细科目下再按各类材料的品种或规格设置三级明细科目。

总分类科目与明细科目的关系是：总分类科目对其所属的明细科目具有统驭和控制作用，而明细科目是对其归属的总分类科目的补充和说明。

注意事项：所有的会计科目都要设置明细科目（进行明细核算）吗？

绝大部分会计科目都应当设置明细科目或者说应当进行明细核算，只有极少数的会计科目只需总分类核算，不需要明细核算，即不需要设置明细科目，如"本年利润""以前年度损益调整""库存股"等科目。

注意事项：我国的会计科目由谁制定？

在我国，一级会计科目（总分类科目）全部由国家统一制定，一般通过会计部门规章和会计规范性文件发布。如《企业会计准则——应用指南》《小企业会计准则》《政府会计制度——行政事业单位会计科目和报表》《工会会计制度》等，都制定了相应行业或范围使用的会计科目表，并对每一科目做了解释。

小部分明细科目（或二级科目）由国家统一制定，例如："其他货币资金"科目应设置"银行汇票""银行本票""信用卡""信用证保证金""外埠存款"等明细科目；"原材料"科目应设置"原料及主要材料""辅助材料""外购半成品""修理用备件""包装材料""燃料"等二级科目；"盈余公积"科目应设置"法定盈余公积""任意盈余公积"两个明细科目；"利润分配"科目应设置"提取法定盈余公积""提取任意盈余公积""应付现金股利""未分配利润"等明细科目。这些明细科目（或二级科目）的设置都是在对一级科目进行解释时规定的。

大部分明细科目（或二级科目）都要由企业根据自身的业务情况自行制定，即国家无法统一制定的明细科目，只能由企业自己制定。

任务小结

（一）会计科目是指对会计要素的具体内容进行分类核算所确定的项目。

（二）会计科目为会计信息的分类和加工提供了方便，也为设置账户提供了依据。

（三）会计科目按其反映的经济内容（会计要素）不同，分为资产类科目、负债类科目、所有者权益类科目、成本类科目和损益类科目。

（四）会计科目按其提供信息的详细程度分类，分为总分类科目和明细分类科目。

（五）总分类科目又称一级科目或总账科目，它是对会计要素的具体内容进行总括分类、提供总括信息的会计科目。

（六）明细分类科目又称明细科目，是对总分类科目做进一步的分类，提供更为详细、具体会计信息的科目。

任务训练

任务训练六　练习识别经济业务中涉及的会计科目及其变动

资料：某公司 2023 年 2 月发生有关经济业务如下。

（1）从银行提取现金 30 000 元备用。

（2）银行存款账户转入 2 000 000 元，系股东投入资本。

（3）银行存款账户转入 1 000 000 元，系取得工商银行期限为 1 年的贷款。

（4）购入原材料 200 000 元，货款通过银行转账支付。

（5）从 A 公司购入原材料 150 000 元，货款暂未支付。

（6）从 B 公司购入原材料 400 000 元，签发期限为 3 个月的商业承兑汇票一张。

02

（7）购入运输货车一辆，价款 300 000 元，货款通过银行转账支付。

（8）通过银行转账偿还已到期的一年期借款 500 000 元。

（9）生产产品领用原材料一批，实际成本为 400 000 元。

（10）销售产品一批，货款共计 250 000 元，通过银行账户收讫。

（11）向甲公司销售产品一批，价款 300 000 元，货款暂未收到。

（12）通过银行转账，偿还欠 A 公司货款 150 000 元。

要求：确定每笔业务涉及的会计科目并用借、贷来表达各会计科目的变动情况（编写会计分录）。会计分录的格式见本项目任务五。

任务二 会计账户

任务导言

设置会计科目是为了分类记录经济业务,但是会计科目只是规定了记录经济业务内容的范围,必须通过开设账户才能达到记录经济业务的目的。所以,账户与会计科目密切相关。账户的相关知识并不多,正好将借贷记账法下的账户结构放在此处讲解,这也是本任务的重点。借贷记账法下的账户结构,讲的是如何利用"借(借方)"和"贷(贷方)"来表示业务项目的增加和减少。"借"和"贷"表示增加和减少的方法,比较独特,初学者在学习借贷记账法之前一定要牢记!

任务内容

一、账户的含义

会计账户,通常简称"账户",是根据会计科目开设的,具有一定格式和结构,用来连续、系统地记录经济业务引起的核算项目增减变动情况及其结果的载体。

二、账户与会计科目的关系

账户应根据会计科目开设,有什么会计科目就应设置什么账户。每个会计科目不仅应设置总分类账户,还应根据实际需要设置若干明细分类账户。例如,原材料科目,要分别设置原材料总分类账户和原材料明细分类账户。通常情况下,账户与科目是作为同义词来使用的。但是,严格地说,账户与会计科目的含义是有所区别的。会计科目设定的经济内容是通过账户来记录的,即会计科目只是设置账户的依据,本身不能记录经济业务,只有通过具有一定格式的账户才能记录经济业务。所以,二者的区别在于:账户有一定的格式和结构,而会计科目则不存在格式和结构。

三、账户的基本结构

账户的基本结构是指账户组成的基本内容。账户的基本构成通常包括下列内容:

(1)账户的名称(会计科目);

(2)登记账户的时间(日期);

(3)登记账户的依据(凭证号码);

(4)经济业务的简要说明(摘要);

(5)登记业务发生的金额(增加数、减少数和余额)。

账户的基本结构(以总分类账为例)如表2-2所示。

表2-2   总分类账

户名:银行存款

20××年		凭证号码	摘要	借方(增加额)	贷方(减少额)	余额
月	日					

每个账户一般有四个金额：期初余额、本期增加额、本期减少额、期末余额。它们之间的关系用公式表示如下：

期末余额=期初余额+本期增加额-本期减少额

教学中通常将账户简化为 T 形账户（"丁"字形账户），其结构如图 2-3 所示。

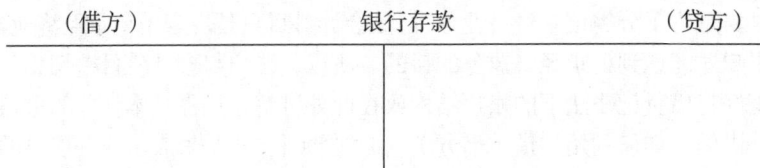

（借方）　　　　　　　　　银行存款　　　　　　　　　（贷方）

图 2-3　T 形账户

注意事项：什么是"丁字账"？

T 形账户又叫"丁"字形账户，简称"丁字账"。丁字账主要在教学中使用，它是账户的简化形式。会计实务中一般不使用丁字账。需要注意的是，不管何种类型的账户，丁字账的左边一律为借方，右边一律为贷方，因为不管何种结构的账户，"借方栏"总是在左边，"贷方栏"总是在右边。至于哪一方登记增加额，哪一方登记减少额，则由该账户的性质决定。

四、借贷记账法下账户的结构

在借贷记账法下，所有的账户都有借、贷两方，一方用来登记增加额，一方用来登记减少额。但是，哪一方用来登记增加额，哪一方用来登记减少额，是由账户的性质（类别）来决定的。

凡是资产、成本、费用类账户，借方登记增加额，贷方登记减少额；凡是负债、所有者权益、收入类账户，贷方登记增加额，借方登记减少额。

借贷记账法下账户的结构

（一）资产类、成本类账户结构

【例 2-1】珠江公司 2023 年 1 月银行存款日记账如表 2-3 所示。

表 2-3　　　　　　　　　　银行存款日记账

单位：元

2023 年		凭证号码	摘要	借方	贷方	借或贷	余额
月	日						
1	1		月初余额			借	200 000
1	2	2	销售商品	100 000		借	300 000
1	4	6	购买材料		150 000	借	150 000
1	20	39	销售商品	500 000		借	650 000
1	30	68	购买材料		250 000	借	400 000
			本月合计	600 000	400 000	借	400 000

期末借方余额=期初借方余额+本期借方发生额-本期贷方发生额

          =200 000+600 000-400 000

          =400 000（元）

资产类、成本类账户借方登记增加发生额，贷方登记减少发生额，期末余额一般在借方，表示现有余额。

（二）负债类、所有者权益类账户结构

【例2-2】珠江公司2023年1月应付账款明细账如表2-4所示。

表2-4 　　　　　　　　　　　　　　应付账款明细账

户名：东江公司 　　　　　　　　　　　　　　　　　　　　　　　　　　　单位：元

2023年		凭证号码	摘要	借方	贷方	借或贷	余额
月	日						
1	1		月初余额			贷	100 000
1	2	6	还款	100 000		平	0
1	4	12	购买材料		200 000	贷	200 000
1	20	25	还款	100 000		贷	100 000
1	30	36	购买材料		150 000	贷	250 000
			本月合计	200 000	350 000	贷	250 000

期末贷方余额=期初贷方余额+本期贷方发生额-本期借方发生额

          =100 000+350 000-200 000

          =250 000（元）

负债类、所有者权益类账户贷方登记增加发生额，借方登记减少发生额，期末余额一般在贷方，表示现有余额。

（三）损益类账户结构

1. 收入类账户结构

【例2-3】珠江公司2023年1月主营业务收入总分类账户如表2-5所示。

表2-5 　　　　　　　　　　　　　　总分类账户

户名：主营业务收入 　　　　　　　　　　　　　　　　　　　　　　　　　　单位：元

2023年		凭证号码	摘要	借方	贷方	借或贷	余额
月	日						
1	2	5	销售产品		100 000	贷	100 000
1	4	10	销售产品		200 000	贷	300 000
1	20	13	销售产品		150 000	贷	450 000
1	31	29	结转本年利润	450 000		平	0
			本月合计	450 000	450 000		

收入类账户贷方登记增加发生额，借方登记减少发生额，期末结转本年利润后无余额。

2. 费用类账户结构

【例2-4】珠江公司2023年1月管理费用总分类账户如表2-6所示。

表2-6　　　　　　　　　　总分类账户

户名：管理费用　　　　　　　　　　　　　　　　　　　　　　　单位：元

2023年		凭证号码	摘要	借方	贷方	借或贷	余额
月	日						
1	2	3	办公费	20 000		借	20 000
1	4	8	折旧费	90 000		借	110 000
1	20	20	职工薪酬	120 000		借	230 000
1	31	25	结转本年利润		230 000	平	0
			本月合计	230 000	230 000		

费用类账户借方登记增加发生额，贷方登记减少发生额，期末结转本年利润后无余额。

3. 收入费用共同类账户结构

此类账户借方登记费用增加额或收入减少额，贷方登记收入增加额或费用减少额，期末结转本年利润后无余额。

【例2-5】珠江公司2023年3月财务费用总分类账户如表2-7所示。

表2-7　　　　　　　　　　总分类账户

户名：财务费用　　　　　　　　　　　　　　　　　　　　　　　单位：元

2023年		凭证号码	摘要	借方	贷方	借或贷	余额
月	日						
3	12	13	手续费	100		借	100
3	21	28	存款利息收入		980	贷	880
3	31	39	借款利息	20 000		借	19 120
3	31	42	结转本年利润		19 120	平	0
			本月合计	20 100	20 100		

五、账户的分类

由于账户是根据会计科目设置的，有什么会计科目，就应开设什么账户，所以，账户的分类与会计科目的分类是相同的。即：账户按其反映的经济内容（会计要素）不同，分为资产类账户、负债类账户、所有者权益类账户、成本类账户和损益类账户；账户按其提供信息的详细程度不同，分为总分类账户和明细分类账户。

任务小结

（一）会计账户，通常简称"账户"，是根据会计科目开设的，具有一定格式和结构，用来连续、系统地记录经济业务引起的核算项目增减变动情况及其结果的载体。

（二）账户与会计科目的关系非常密切，但二者的含义是有所区别的。会计科目只是设置账户的依据，本身不能记录经济业务，只有通过具有一定格式的账户才能记录经济业务。即账户有一定的格式和结构，而会计科目则不存在格式和结构。

（三）账户的基本结构是指账户组成的基本内容，通常包括：账户的名称（会计科目）；登记账户的时间（日期）；登记账户的依据（凭证号码）；经济业务的简要说明（摘要）；登记业务发生的金额（增加数、减少数和余额）等。

（四）每个账户一般有四个金额，它们之间的关系是：期末余额=期初余额+本期增加额-本期减少额。

（五）资产、成本、费用类账户，借方登记增加额，贷方登记减额；负债、所有者权益、收入类账户，贷方登记增加额，借方登记减少额。

（六）由于账户是根据会计科目设置的，有什么会计科目，就应开设什么账户，所以账户的分类与会计科目的分类是相同的。

任务训练

任务训练七　练习识别经济业务中涉及的账户（会计科目）及其变动

资料：某公司发生有关经济业务如下。

（1）将现金 20 000 元送存银行。

（2）购买原材料一批，价款 150 000 元，材料已验收入库，签发期限为 3 个月的商业承兑汇票一张。

（3）购买原材料一批，价款 120 000 元，材料验收入库，货款暂未支付。

（4）购入不需安装生产设备一台，买价 200 000 元，货款通过银行转账付清。

（5）销售产品一批，售价 180 000 元，货款已转入银行存款账户。

（6）销售产品一批，售价 190 000 元，收到限期为 3 个月的商业承兑汇票一张。

（7）销售产品一批，售价 260 000 元，商品及发票已交付购货单位，货款暂未收到。

（8）支付已到期商业汇票票款 150 000 元。

（9）推销员预借差旅费 6 000 元，以现金支付。

（10）推销员出差回来报账，报销差旅费 5 800 元，交回未用完的现金 200 元。

（11）生产车间为生产产品领用原材料一批，实际成本为 300 000 元。

（12）银行存款账户转入款项 190 000 元，系已到期的商业汇票票款。

要求：用借贷记账法下的会计分录记录上述业务（不考虑增值税）。

任务三　会计等式

任务导言

会计等式是揭示会计要素之间关系的数学方程式，是复式记账的理论基础，没有会计等式就没有复式记账，所以，理解与掌握会计等式对于即将开始的借贷记账法学习具有重要意义。

会计等式为什么成立？我们可以通过经济业务的发生对会计等式产生的影响来加以验证：如果能找到任何一种经济业务会导致会计等式不相等，则说明会计等式不成立；如果所有的经济业务都不破坏会计等式的平衡关系，则说明会计等式成立。

经济业务总共有多少种类型？按照综合会计等式"资产+费用=负债+所有者权益+收入"来分析和推算，理论上有可能发生的业务类型有 25 种，但实务中能找到例题的业务类型只有 20 种。那么，这 20 种不同类型的经济业务会不会破坏会计等式的平衡关系呢？

需要说明的是，20 种不同类型的经济业务对会计等式的影响，初学者不太可能完全理解，这没有关系，也不用着急。能理解最好，不能理解就先放下来，等到会计知识积累到一定程度的时候自然就理解了。

任务内容

一、会计等式的含义

会计等式，又叫会计方程式或会计平衡式，是反映会计要素之间相互关系的数学公式，它揭示了会计要素之间的内在联系。

二、会计等式的种类

（一）反映资产、负债和所有者权益要素之间关系的会计等式

$$资产=负债+所有者权益$$

该等式的左边反映资产总额，右边反映资产的来源总额。该等式之所以成立，是因为有多少资产，必定有多少来源。或者说：有多少来源，必定形成多少资产。从该等式来看，企业的资产总额由两个方面形成：一是负债；二是所有者权益。而所有者权益又来自两个方面：一是股东投入的资本；二是企业产生的净利润（或亏损）。所以，该等式的成立是有条件的。这个条件就是：企业当前收入和费用为 0。收入、费用为 0 有两种可能：一是生产经营尚未开始，尚未发生收入和费用；二是收入和费用都有发生，但是已经结转为利润。利润增加，一方面会增加所有者权益，同时必定会引起资产增加或负债减少。也就是说，如果当前"收入-费用≠0"，那么，等式"资产=负债+所有者权益"是不成立的。因为收入和费用的发生已经引起了资产或负债的变动，但是利润还没有形成，利润没有形成就无法计入所有者权益。

由于负债又称为债权人权益，有时也可以将上述等式简化为：

$$资产=权益$$

资产、负债和所有者权益之间的会计等式反映了企业在某一特定日期的资产总额和资产的来源总额及构成，揭示了企业的财务状况。由于这一等式反映的是相对静止状态下的资产与权益的

关系，因而又被称为静态会计等式。这一等式通常称为基本会计等式，它是复式记账的理论基础，也是编制资产负债表的依据。

（二）反映收入、费用和利润要素之间关系的会计等式

$$收入-费用=利润$$

收入、费用和利润要素之间的关系式，反映了企业在某一特定时期的经营成果。它反映了利润的形成过程，是编制利润表的依据。

> 📖 **注意事项：会计等式中的"收入"与会计准则中解释的"收入"含义不同**
>
> 　　按照《企业会计准则》关于收入和费用的界定，"收入-费用=利润"的关系式是不成立的。因为收入和费用都只是企业在日常活动中取得的收入和发生的费用，没有包括非日常活动中取得的利得或发生的损失。为了使该等式成立，我们应将等式中的"收入"和"费用"做广义的理解，即收入应包括日常活动和非日常活动中取得的全部收入，费用也包括日常活动和非日常活动中发生的全部费用。

（三）反映全部会计要素之间关系的会计等式

由于利润在分配之前属于所有者权益的组成内容，所以，基本会计等式可以写成：

$$资产=负债+所有者权益+利润$$

由于"利润=收入-费用"，上式可以写成：

$$资产=负债+所有者权益+收入-费用$$

将上式移项变成：

$$资产+费用=负债+所有者权益+收入$$

这一等式反映了会计六大要素之间的关系，通常称为综合会计等式。

> 📖 **问题探讨："资产=负债+所有者权益"是会计恒等式吗？**
>
> 　　会计教材大都将"资产=负债+所有者权益"说成是会计恒等式，编者不赞成这一说法。"恒等式"应当是指永久、无条件成立的等式。可是，等式"资产=负债+所有者权益"并不符合这一定义，因为它的成立是有条件的，其条件是：收入和费用均为 0。当收入和费用不为 0，并且"收入-费用≠0"的时候，则等式"资产=负债+所有者权益"是不成立的。所以，真正的会计恒等式不是"资产=负债+所有者权益"，而是"资产+费用=负债+所有者权益+收入"。因为这一等式的成立是无条件的，是永久的，不论是平时，还是期末结账之后，它在任何时点都是成立的。

三、经济业务对会计等式的影响

　　本书讲经济业务对会计等式的影响，以综合会计等式"资产+费用=负债+所有者权益+收入"为例进行分析。因为综合会计等式包括了企业可能发生的所有经济业务。经推算，对综合会计等式产生影响的经济业务共有 25 种情况，但是，有 5 种情况理论上存在可能，但实际上不会发生，也找不到实例，它们是：费用与所有者权益同时增加；费用与收入同时增加；费用与收入同时减

少；负债增加收入减少；所有者权益减少收入增加。现将可能发生的 20 种经济业务举例分析如下。

（1）资产与所有者权益同时增加。

【例 2-6】通过银行转账，收到股东投入的货币资金 100 万元。此业务对等式产生的影响为：

银行存款（资产）	+1 000 000
实收资本（所有者权益）	+1 000 000

（2）资产与所有者权益同时减少。

【例 2-7】按照法定程序减少注册资本 20 万元，以银行存款向股东支付。此业务对等式产生的影响为：

银行存款（资产）	−200 000
实收资本（所有者权益）	−200 000

（3）资产与负债同时增加。

【例 2-8】向银行取得期限为 1 年的借款 80 万元，银行已将款项划入企业的存款账户。此业务对等式产生的影响为：

银行存款（资产）	+800 000
短期借款（负债）	+800 000

（4）资产与负债同时减少。

【例 2-9】以银行存款归还短期借款 30 万元。此业务对等式产生的影响为：

银行存款（资产）	−300 000
短期借款（负债）	−300 000

（5）资产内部有增有减。

【例 2-10】从银行提取现金 2 万元。此业务对等式产生的影响为：

库存现金（资产）	+20 000
银行存款（资产）	−20 000

（6）所有者权益内部有增有减。

【例 2-11】经法定程序批准，用盈余公积 20 万元转增资本。此业务对等式产生的影响为：

实收资本（所有者权益）	+200 000
盈余公积（所有者权益）	−200 000

（7）负债内部有增有减。

【例 2-12】已到期的应付票据 12 万元因无力支付转为应付账款。此业务对等式产生的影响为：

应付票据（负债）	−120 000
应付账款（负债）	+120 000

（8）负债增加，所有者权益减少。

【例 2-13】经批准决定向股东分配利润 8 万元。此业务对等式产生的影响为：

利润分配（所有者权益）	−80 000
应付股利（负债）	+80 000

（9）负债减少，所有者权益增加。

【例 2-14】经批准用原发行的债券 30 万元转为股东投入资本。此业务对等式产生的影响为：

应付债券（负债）	−300 000
实收资本（所有者权益）	+300 000

（10）资产和收入同时增加。

【例2-15】销售产品取得收入 50 万元，货款通过银行转入存款账户。此业务对等式产生的影响为：

银行存款（资产）	+500 000
主营业务收入（收入）	+500 000

（11）收入增加，负债减少。

【例2-16】以自产的产品抵付应付账款 9 万元。此业务对等式产生的影响为：

应付账款（负债）	-90 000
主营业务收入（收入）	+90 000

（12）资产和收入同时减少。

【例2-17】已销售产品退回，通过银行支付退货款 3 万元。此业务对等式产生的影响为：

银行存款（资产）	-30 000
主营业务收入（收入）	-30 000

（13）费用增加，资产减少。

【例2-18】通过银行支付管理费用 20 万元。此业务对等式产生的影响为：

银行存款（资产）	-200 000
管理费用（费用）	+200 000

（14）费用和负债同时增加。

【例2-19】预提短期借款利息 6 万元。此业务对等式产生的影响为：

财务费用（费用）	+60 000
应付利息（负债）	+60 000

（15）费用和负债同时减少。

【例2-20】冲回多提的短期借款利息 1 万元。此业务对等式产生的影响为：

应付利息（负债）	-10 000
财务费用（费用）	-10 000

（16）费用减少，资产增加。

【例2-21】销售的货物退回，商品成本 2 万元，已验收入库。此业务对等式产生的影响为：

库存商品（资产）	+20 000
主营业务成本（费用）	-20 000

（17）收入内部有增有减。

【例2-22】误将主营业务收入 8 万元记为其他业务收入，进行账务调整。此业务对等式产生的影响为：

其他业务收入（收入）	-80 000
主营业务收入（收入）	+80 000

（18）费用内部有增有减。

【例2-23】将销售费用 4 万元误记作管理费用，进行账务调整。此业务对等式产生的影响为：

销售费用（费用）	+40 000
管理费用（费用）	-40 000

（19）收入减少，所有者权益增加。

【例2-24】月末将主营业务收入21万元，结转本年利润。此业务对等式产生的影响为：

主营业务收入（收入）	−210 000
本年利润（所有者权益）	+210 000

（20）费用减少，所有者权益减少。

【例2-25】月末将管理费用8万元，结转本年利润。此业务对等式产生的影响为：

管理费用（费用）	−80 000
本年利润（所有者权益）	−80 000

现将上述20种经济业务按照会计要素进行汇总，如图2-4所示，看看等式变动的结果。

资产

（1）	1 000 000	（2）	200 000
（3）	800 000	（4）	300 000
（5）	20 000	（5）	20 000
（10）	500 000	（12）	30 000
（16）	20 000	（13）	200 000
余额	1 590 000		

费用

（13）	200 000	（15）	10 000
（14）	60 000	（16）	20 000
（18）	40 000	（18）	40 000
		（20）	80 000
余额	150 000		

负债

（4）	300 000	（3）	800 000
（7）	120 000	（7）	120 000
（9）	300 000	（8）	80 000
（11）	90 000	（14）	60 000
（15）	10 000		
		余额	240 000

所有者权益

（2）	200 000	（1）	1 000 000
（6）	200 000	（6）	200 000
（8）	80 000	（9）	300 000
（20）	80 000	（19）	210 000
		余额	1 150 000

收入

（12）	30 000	（10）	500 000
（17）	80 000	（11）	90 000
（19）	210 000	（17）	80 000
		余额	350 000

图2-4 会计要素变动情况

注意：上述汇总是采用T形账户，按照借贷记账法下的账户结构进行的。汇总结果如下：

资产+费用= 1 590 000+150 000= 1 740 000（元）

负债+所有者权益+收入= 240 000+1 150 000+350 000= 1 740 000（元）

汇总结果表明，20笔经济业务发生之后，等式左右两边的合计数均为174万元，等式仍然是相等的。

需要说明的是，上述列举的20种经济业务，每一种业务只涉及一个或两个会计要素的变动。而会计实务中经济业务的类型往往比较复杂，一项经济业务可能同时涉及三个或三个以上会计要素的变动。但是，一笔经济业务不管涉及几个会计要素的变动，都不会破坏会计等式的平衡关系。

任务小结

（一）会计等式，又叫会计方程式或会计平衡式，是反映会计要素之间相互关系的数学公式，它揭示了会计要素之间的内在联系。

（二）反映资产、负债和所有者权益要素之间关系的会计等式是：资产=负债+所有者权益。

（三）反映收入、费用和利润要素之间关系的会计等式是：收入-费用=利润。

（四）反映全部会计要素之间关系的会计等式是：资产+费用=负债+所有者权益+收入。

（五）经推算，对综合会计等式产生影响的经济业务类型共有25种，但实务中可能发生的经济业务类型只有20种。任何经济业务的发生都会对会计等式产生一定的影响，但不会破坏会计等式的平衡关系。

任务训练

任务训练八 练习基本经济业务对会计等式的影响

资料：某公司发生的有关经济业务如下。

（1）收到股东投入的货币资金150万元，存入银行。

（2）向银行取得期限为1年的借款100万元，银行已将款项划入企业的存款账户。

（3）用银行存款归还银行短期借款50万元。

（4）从银行提取现金5万元。

（5）经法定程序批准，用盈余公积30万元转增资本。

（6）经批准决定向股东分配利润15万元。

（7）销售产品取得收入80万元，货款通过银行转入存款账户。

（8）通过银行支付管理费用6万元。

（9）预提短期借款利息5万元。

（10）以银行存款偿还短期借款利息15万元。

（11）月末将主营业务收入80万元，结转本年利润。

（12）月末将主营业务成本50万元，结转本年利润。

要求：将上述经济业务按照借贷的含义，写成会计分录。

02

任务四　记账符号与记账规则

任务导言

借贷记账法的基本内容比较多，其中，借贷记账法下的账户结构已在本项目任务二中讲到，其他内容将分成两个任务来讲解。本任务讲记账符号和记账规则，下一任务讲会计分录与试算平衡。在项目一的任务训练中，要求学习者熟悉和记忆借、贷的含义，现在的重点应放在借、贷的应用上，即根据发生的经济业务，确定应借、应贷的会计科目。

任务内容

一、记账方法

记账方法是指在经济业务发生以后，通过确认和计量将经济信息转换成会计信息，将会计信息记录在账户的方法。记账方法分为单式记账法和复式记账法两类。

单式记账法是指对发生的每一项经济业务只在一个账户中登记的记账方法。单式记账法是一种比较简单、不完整、不严密的记账方法，它不能全面、系统地反映经济业务的来龙去脉，也不便于检查账户记录的正确性。复试记账法诞生之后，单式记账法就退出了历史舞台。

复式记账法是指对发生的每一笔经济业务，都以相等的金额，同时在相互联系的两个或两个以上的账户中进行全面登记的一种记账方法。复式记账法具有账户设置完整、经济业务记录全面、可以利用试算平衡检查账户记录正确性等特点。复式记账法的种类有多种，但是，世界各国通用的复式记账方法是借贷记账法。我国曾经同时使用三种复式记账法，即增减记账法、收付记账法和借贷记账法。相比而言，借贷记账法是一种较科学、较方便的记账方法。我国现在统一使用借贷记账法。

二、借贷记账法的记账符号

借贷记账法是以"借"和"贷"为记账符号，以"有借必有贷，借贷必相等"为记账规则记录经济业务的一种复式记账方法。

借贷记账法大约起源于 13 世纪的意大利。"借""贷"的含义最初是从借贷资本家（金融业）的角度来解释的。"借"表示借出，应收款的意思；"贷"表示贷入，应付款的意思。随着商品经济的发展，会计记录不再局限于货币资金的借贷，其他非货币资金借贷业务也利用"借""贷"来记录经济业务的变动，这样，"借"和"贷"二字就失去原来的含义，演变为一种纯粹用来表示增加或减少的记账符号。

借贷记账法以"借"和"贷"作为记账符号，其含义为：借（借方），表示资产、成本、费用的增加，同时表示负债、所有者权益、收入的减少；贷（贷方），表示负债、所有者权益、收入的增加，同时表示资产、成本、费用的减少。

另一种说法：当资产、成本、费用增加时，记入账户的借方；当资产、成本、费用减少时，记入账户的贷方。当负债、所有者权益、收入增加时，记入账户的贷方；当负债、所有者权益、收入减少时，记入账户的借方。

> **注意事项**：利用会计等式记忆"借""贷"的含义
>
> 请看综合会计等式：资产+费用=负债+所有者权益+收入
>
> 等式左边的项目，"借"表示增加，"贷"表示减少；等式右边的项目，"贷"表示增加，"借"表示减少。（注：成本属于资产类）

三、借贷记账法的记账规则

借贷记账法的记账规则是"有借必有贷，借贷必相等"，也可以简称"有借有贷，借贷相等"。其含义为：在借贷记账法下，对每一笔经济业务都要在两个或两个以上账户中进行登记，并且借方和贷方登记的金额要相等。如果违背这一记账规则，说明业务记录不正确。

下面以本项目任务三中所列举的 20 种经济业务为例，以借、贷为记账符号来表示有关账户的变动。表示方法采用会计分录的格式，关于会计分录的相关知识将在下一任务中介绍。

（1）通过银行转账，收到股东投入的货币资金 100 万元。这笔业务应做如下记录：

借：银行存款　　　　　　　　　　　　　　1 000 000
　　贷：实收资本　　　　　　　　　　　　　1 000 000

（2）按照法定程序减少注册资本 20 万元，用银行存款向股东支付。这笔业务应做如下记录：

借：实收资本　　　　　　　　　　　　　　200 000
　　贷：银行存款　　　　　　　　　　　　　200 000

（3）向银行取得期限为 1 年的借款 80 万元，银行已将款项划入企业的存款账户。这笔业务应做如下记录：

借：银行存款　　　　　　　　　　　　　　800 000
　　贷：短期借款　　　　　　　　　　　　　800 000

（4）以银行存款归还短期借款 30 万元。这笔业务应做如下记录：

借：短期借款　　　　　　　　　　　　　　300 000
　　贷：银行存款　　　　　　　　　　　　　300 000

（5）从银行提取现金 2 万元。这笔业务应做如下记录：

借：库存现金　　　　　　　　　　　　　　20 000
　　贷：银行存款　　　　　　　　　　　　　20 000

（6）经法定程序批准，用盈余公积 20 万元转增资本。这笔业务应做如下记录：

借：盈余公积　　　　　　　　　　　　　　200 000
　　贷：实收资本　　　　　　　　　　　　　200 000

（7）已到期的应付票据 12 万元因无力支付转为应付账款。这笔业务应做如下记录：

借：应付票据　　　　　　　　　　　　　　120 000
　　贷：应付账款　　　　　　　　　　　　　120 000

（8）经批准决定向股东分配利润 8 万元。这笔业务应做如下记录：

借：利润分配　　　　　　　　　　　　　　80 000
　　贷：应付股利　　　　　　　　　　　　　80 000

（9）经批准用原发行的债券 30 万元转为股东投入资本。这笔业务应做如下记录：

借：应付债券 300 000

贷：实收资本 300 000

（10）销售产品取得收入 50 万元，货款通过银行转入存款账户。这笔业务应做如下记录：

借：银行存款 500 000

贷：主营业务收入 500 000

（11）以自产的产品抵付应付账款 9 万元。这笔业务应做如下记录：

借：应付账款 90 000

贷：主营业务收入 90 000

（12）已销售产品退回，通过银行支付退货款 3 万元。这笔业务应做如下记录：

借：主营业务收入 30 000

贷：银行存款 30 000

（13）通过银行支付管理费用 20 万元。这笔业务应做如下记录：

借：管理费用 200 000

贷：银行存款 200 000

（14）预提短期借款利息 6 万元。这笔业务应做如下记录：

借：财务费用 60 000

贷：应付利息 60 000

（15）冲销多提的短期借款利息 1 万元。这笔业务应做如下记录：

借：应付利息 10 000

贷：财务费用 10 000

（16）销售的货物退回，产品成本 2 万元，已验收入库。这笔业务应做如下记录：

借：库存商品 20 000

贷：主营业务成本 20 000

（17）误将主营业务收入 8 万元记为其他业务收入，进行账务调整。这笔业务应做如下记录：

借：其他业务收入 80 000

贷：主营业务收入 80 000

（18）误将销售费用 4 万元记作管理费用，进行账务调整。这笔业务应做如下记录：

借：销售费用 40 000

贷：管理费用 40 000

（19）月末将主营业务收入 21 万元，结转本年利润。这笔业务应做如下记录：

借：主营业务收入 210 000

贷：本年利润 210 000

（20）月末将管理费用 8 万元，结转本年利润。这笔业务应做如下记录：

借：本年利润 80 000

贷：管理费用 80 000

上述 20 种经济业务，我们在前一任务中做过分析，都是不同类型的经济业务，但是，在借贷记账法下，它们却有一个共同的特征，就是每一笔业务都涉及两个会计科目，其中一个科目记在借方，另一个科目记在贷方，并且借方和贷方的金额相等，与借贷记账法的记账规则完全相符。

任务小结

（一）记账方法是指在经济业务发生以后，通过确认和计量将经济信息转换成会计信息，将会计信息记录在账户的方法。记账方法分为单式记账法和复式记账法两类。

（二）复式记账法是指对发生的每一笔经济业务，都以相等的金额，同时在相互联系的两个或两个以上的账户中进行全面登记的一种记账方法。世界各国通用的复式记账法为借贷记账法。

（三）借贷记账法以"借"和"贷"作为记账符号，其含义为：借（借方），表示资产、成本、费用的增加，同时表示负债、所有者权益、收入的减少；贷（贷方），表示负债、所有者权益、收入的增加，同时表示资产、成本、费用的减少。

（四）借贷记账法的记账规则是"有借必有贷，借贷必相等"。其含义为：在借贷记账法下，对每一笔经济业务都要在两个或两个以上账户中进行登记，并且借方和贷方登记的金额要相等。

02

任务训练

任务训练九　练习借贷记账法下记账符号的运用

资料：某公司发生有关经济业务如下。

（1）银行存款账户收到股东投入货币资金80万元。

（2）银行存款账户收到期限为6个月的银行贷款50万元。

（3）从A公司购入原材料一批，实际成本为20万元，货款暂欠。

（4）从B公司购入原材料一批，实际成本为30万元，签发期限为2个月的商业承兑汇票一张。

（5）以银行存款支付欠A公司货款20万元。

（6）以银行存款支付到期的应付票据款30万元。

（7）销售给C公司产品一批，售价30万元，货款暂未收到。

（8）销售给D公司产品一批，售价40万元，收到D公司签发的期限为3个月的商业承兑汇票一张。

（9）银行存款账户收到C公司所欠货款30万元。

（10）银行存款账户收到已到期的应收票据款20万元。

（11）以银行存款支付广告费12万元。

（12）计提本月应付短期借款利息3万元。

要求：将上述经济业务按照借贷的含义，写成会计分录（不考虑增值税）。

任务五　会计分录与试算平衡

任务导言

编写会计分录是借贷记账法的关键，也是财务会计工作的关键。不会编写会计分录，财务会计工作无法进行；编写的会计分录不正确，则必然会导致账簿记录、财务报表也不正确。所以，编写会计分录是财务会计工作中最基本，也最重要的技能。本任务会计分录举例中涉及增值税"进项税额"和"销项税额"，学习者可以暂不管它，待后面讲采购业务应用时，在了解增值税的计税方法之后，应当能够理解。

借贷记账法下，可以利用账户的发生额或余额进行试算平衡。试算平衡的目的是检查账户记录的正确性。试算平衡，不能说明账户记录完全正确；但是，试算不平衡，则说明账户记录一定有错误。需要说明的是，试算平衡只是传统手工会计下的查错方法。在会计电算化的情况下，则不需要试算平衡。因为财务软件系统不允许不平衡的情况出现，一旦编制的会计分录（记账凭证）不平衡，系统会提示操作者，错误的会计分录如果不更正，该记账凭证不允许保存。登记账簿是在操作人员发出指令的情况下，由系统自动完成的，一般不会出现记账错误。

任务内容

一、会计分录

（一）会计分录的含义

采用借贷记账法记录经济业务是从编制记账凭证开始的。如何把经济业务记录在记账凭证中？最关键的是确定会计分录，即该业务借记什么科目、贷记什么科目、金额是多少。所以，会计分录是指标明每一经济业务事项应借应贷科目及其金额的记录。会计分录由会计科目、借贷方向和记账金额三个因素构成。

会计分录及其书写要求

（二）会计分录的类型

会计分录按其所涉及会计科目的多少，分为简单会计分录和复合会计分录。

简单会计分录，是指只涉及一个借方科目和一个贷方科目的会计分录，即一借一贷的会计分录。简单会计分录下会计科目之间的对应关系十分清楚，比较容易理解和掌握。

复合会计分录，是指由两个以上对应科目所组成的会计分录，即一借多贷、一贷多借或多借多贷的会计分录。如本任务【例2-26】第（3）、（4）、（5）、（9）四笔业务的会计分录均为复合会计分录。编制复合会计分录，可以全面地反映经济业务的来龙去脉，并简化记账手续，提高工作效率。但是，多借多贷的会计分录，账户对应关系不清晰，且容易出错，应尽可能避免。

（三）会计分录的格式

会计工作中，会计分录填写在记账凭证上，一笔经济业务事项填写一张记账凭证。但是，在教学上就不方便把会计分录填写在记账凭证上，因为那样不仅浪费纸张，而且给练习的操作、作业的收发、批阅等带来诸多不便。所以，教学中，会计分录通常采用以下简便的格式：

借：其他应收款——张家良	3 000	
贷：库存现金		3 000

> **注意事项：会计分录的书写规范**
>
> 教学中会计分录的书写规范如下。
>
> （1）先写借方，后写贷方，每一科目写一行。借、贷方应错开两个汉字的距离，借、贷方的金额也要错开，不得上下对齐。
>
> （2）金额后面不要写单位。因为会计分录是简化的记账凭证，记账凭证上的金额一律以"元"为单位，并且都有对应的数字分格位，无须标注金额单位。
>
> （3）如果有几个借方或几个贷方，要求分别将同一方向的文字和金额上下对齐。
>
> （4）如有明细科目（或二级科目），应在一级科目与明细科目（或二级科目）之间以"——"分隔。

02

（四）会计分录编写举例

【例2-26】珠江公司2023年1月发生有关经济业务如下。

（1）采购员王亮预借差旅费5 000元，以现金支付。

（2）从工商银行借入期限为1年的借款1 000 000元，款项已转入存款账户。

（3）购入原材料一批，买价200 000元，价外增值税26 000元，货款共计226 000元，通过银行转账付清。

（4）购入不需安装生产设备一台，买价300 000元，价外增值税39 000元，货款共计339 000元，通过银行转账付清。

（5）采购员王亮出差回来，报销差旅费4 800元，交回多余现金200元。

（6）通过银行转账，收到已到期的商业汇票票款200 000元。

（7）生产产品领用原材料一批，成本为400 000元。

（8）用银行存款偿还已到期的一年期借款500 000元。

（9）销售产品一批，售价600 000元，价外增值税78 000元，货款共计678 000元，通过银行收到货款278 000元，另收到一张期限为3个月、金额为400 000元的商业承兑汇票。

（10）结转已销售产品成本400 000元。

根据上述业务编写会计分录如下。

（1）支付王亮差旅费。

借：其他应收款——王亮	5 000	
贷：库存现金		5 000

（2）收到工行短期借款。

借：银行存款	1 000 000	
贷：短期借款		1 000 000

（3）购入原材料。

借：原材料	200 000	
应交税费——应交增值税（进项税额）	26 000	
贷：银行存款		226 000

（4）购入生产设备。

借：固定资产 300 000

  应交税费——应交增值税（进项税额） 39 000

  贷：银行存款 339 000

（5）王亮报销差旅费。

借：管理费用——差旅费 4 800

  库存现金 200

  贷：其他应收款——王亮 5 000

（6）收回商业汇票票款。

借：银行存款 200 000

  贷：应收票据 200 000

（7）生产领用原材料。

借：生产成本 400 000

  贷：原材料 400 000

（8）归还银行短期借款。

借：短期借款 500 000

  贷：银行存款 500 000

（9）销售产品。

借：银行存款 278 000

  应收票据 400 000

  贷：主营业务收入 600 000

    应交税费——应交增值税（销项税额） 78 000

（10）结转已销产品成本。

借：主营业务成本 400 000

  贷：库存商品 400 000

二、试算平衡

（一）试算平衡的含义

试算平衡是指根据资产与权益之间的平衡关系以及借贷记账法的记账规则，检查和验证账户记录是否正确的一种方法。

（二）试算平衡的种类

1. 发生额平衡法

发生额平衡法，是根据全部账户本期借方发生额合计与全部账户本期贷方发生额合计的平衡关系，检验本期账户发生额记录是否正确的方法。

平衡公式：全部账户本期借方发生额合计=全部账户本期贷方发生额合计。

平衡依据：借贷记账法的记账规则。

2. 余额平衡法

余额平衡法，是根据期末所有账户的借方余额合计等于所有账户的贷方余额合计的平衡关系，检验本期账户记录是否正确的方法。

平衡公式：全部账户期末借方余额合计=全部账户期末贷方余额合计。

平衡依据：会计等式"资产=负债+所有者权益"。

在借贷记账法下，资产账户的余额应在借方，负债和所有者权益账户的余额应在贷方。由于"资产=负债+所有者权益"，所以，所有账户的借方余额合计与所有账户的贷方余额合计一定相等。

（三）试算平衡举例

【例2-27】将【例2-26】的10笔会计分录汇总，然后编制科目汇总表。

（1）登记T形账户，如图2-5所示。

其他应收款

（1）	5 000	（5）		5 000
合计	5 000	合计		5 000

库存现金

（5）	200	（1）		5 000
合计	200	合计		5 000

银行存款

（2）	1 000 000	（3）		226 000
（6）	200 000	（4）		339 000
（9）	278 000	（8）		500 000
合计	1 478 000	合计		1 065 000

短期借款

（8）	500 000	（2）		1 000 000
合计	500 000	合计		1 000 000

原材料

（3）	200 000	（7）		400 000
合计	200 000	合计		400 000

应交税费

（3）	26 000	（9）		78 000
（4）	39 000			
合计	65 000	合计		78 000

固定资产

（4）	300 000			
合计	300 000	合计		0

管理费用

（5）	4 800			
合计	4 800	合计		0

应收票据

（9）	400 000	（6）		200 000
合计	400 000	合计		200 000

生产成本

（7）	400 000			
合计	400 000	合计		0

主营业务收入

		（9）		600 000
合计	0	合计		600 000

主营业务成本

（10）	400 000			
合计	400 000	合计		0

库存商品

		（10）		400 000
合计	0	合计		400 000

图2-5 T形账户

（2）填写科目汇总表，如表2-8所示。

表2-8 科目汇总表

单位：元

科目名称	借方发生额	贷方发生额
其他应收款	5 000	5 000
库存现金	200	5 000
银行存款	1 478 000	1 065 000
短期借款	500 000	1 000 000
原材料	200 000	400 000
应交税费	65 000	78 000
固定资产	300 000	
管理费用	4 800	
应收票据	400 000	200 000
生产成本	400 000	
主营业务收入		600 000
主营业务成本	400 000	
库存商品		400 000
合计	3 753 000	3 753 000

此例编制的科目汇总表采用了发生额平衡法。试算平衡的结果是借、贷方发生额合计相等。如果双方发生额合计不相等，则说明存在错误。错误的原因可能有会计分录不正确、T形账户登记不正确、计算不正确等，应查明原因并予以纠正。但是，试算平衡的结果平衡了，不一定说明没有错误。因为有些错误并不影响借贷双方金额的平衡关系，如某项经济业务漏记或重记、借贷双方发生同等金额的记录错误等。

任务小结

（一）会计分录是指标明每一经济业务事项应借应贷科目及其金额的记录。会计分录由会计科目、借贷方向和记账金额三个因素构成。

（二）会计分录按其所涉及会计科目的多少，分为简单会计分录和复合会计分录。简单会计分录，是指只涉及一个借方科目和一个贷方科目的会计分录，即一借一贷的会计分录。复合会计分录，是指由两个以上对应科目所组成的会计分录，即一借多贷、一贷多借或多借多贷的会计分录。

（三）试算平衡是指根据资产与权益之间的平衡关系以及借贷记账法的记账规则，检查和验证账户记录是否正确的一种方法。借贷记账法下的试算平衡方法有发生额平衡法和余额平衡法两种。

（四）发生额平衡法，是根据全部账户本期借方发生额合计与全部账户本期贷方发生额合计的平衡关系，检验本期账户发生额记录是否正确的方法。

（五）余额平衡法，是根据期末所有账户的借方余额合计等于所有账户的贷方余额合计的平衡关系，检验本期账户记录是否正确的方法。

任务训练

任务训练十　练习会计分录的编写和试算平衡

资料：某公司 2023 年 8 月发生有关经济业务如下。

（1）从银行借入期限为 1 年的借款 1 200 000 元，款项已转入存款账户。

（2）购入原材料一批，买价 400 000 元，价外增值税 52 000 元，货款共计 452 000 元，通过银行转账支付 252 000 元，另签发一张期限为 3 个月、金额为 200 000 元的商业承兑汇票。

（3）以银行存款支付行政管理部门房屋租金 100 000 元。

（4）企业管理部门业务员李萍预借差旅费 6 000 元，以现金支付。

（5）业务员李萍出差回来，报销差旅费 6 200 元，借款不足部分以现金支付。

（6）以银行存款支付到期的商业汇票票款 150 000 元。

（7）生产产品领用原材料一批，成本为 500 000 元。

（8）生产车间生产的甲产品完工验收入库，实际成本为 800 000 元。

（9）销售产品一批，售价 900 000 元，价外增值税 117 000 元，货款共计 1 017 000 元，通过银行转账收讫。

（10）结转已销售产品成本 600 000 元。

要求：

（1）根据经济业务编写会计分录。

（2）将编写的会计分录利用 T 形账户汇总，然后填写科目汇总表。

02

项目测试

一、判断题（每小题 2 分，本题 20 分）

（1）会计科目是指对会计要素的具体内容进行分类核算所确定的项目。（　　）

（2）会计科目是通过账户来记录经济业务事项的。没有会计科目就没有账户，没有账户就无法记录经济业务事项。（　　）

（3）凡是资产、成本、费用类账户，贷方登记增加额，借方登记减少额；凡是负债、所有者权益、收入类账户，借方登记增加额，贷方登记减少额。（　　）

（4）账户按其提供信息的详细程度不同，分为资产类账户、负债类账户、所有者权益类账户、成本类账户和损益类账户。（　　）

（5）会计等式，又叫会计方程式或会计平衡式，是反映会计要素之间相互关系的数学公式。（　　）

（6）一笔经济业务不管涉及几个会计要素的变动，都不会破坏会计等式的平衡关系。（　　）

（7）在借贷记账法下，对每一笔经济业务都要在两个或两个以上账户中进行登记，并且借方和贷方登记的金额要相等。如果违背这一记账规则，说明业务记录不正确。（　　）

（8）T 形账户的左边为借方，登记增加额，右边为贷方，登记减少额。（　　）

（9）会计分录是指标明每一经济业务事项应借应贷科目及其金额的记录。（　　）

（10）由于账户对应关系不清晰，所以不允许编写多借多贷的会计分录。（　　）

二、单选题（每小题 3 分，本题 30 分）

（1）下列既核算收入又核算费用的科目是（　　）。

    A. 销售费用　　　　　B. 管理费用　　　　　C. 财务费用　　　　　D. 所得税费用

（2）下列只核算费用不核算收入的科目是（　　）。

    A. 投资收益　　　　　　　　　　　　　B. 公允价值变动损益

    C. 财务费用　　　　　　　　　　　　　D. 管理费用

（3）"银行存款"账户期初余额为 90 000 元，本期借方发生额为 80 000 元，本期贷方发生额为 100 000 元，则期末余额为（　　）元。

    A. 70 000　　　　　B. 80 000　　　　　C. 90 000　　　　　D. 100 000

（4）"应付票据"账户期初余额为 200 000 元，本期贷方发生额为 100 000 元，期末余额为 160 000 元，则本期借方发生额为（　　）元。

    A. 100 000　　　　　B. 140 000　　　　　C. 160 000　　　　　D. 200 000

（5）下列选项中，会引起资产与负债同时减少的是（　　）。

    A. 收到银行短期贷款　　　　　　　　　B. 从银行提取现金

    C. 支付到期的应付票据款　　　　　　　D. 收到到期的应收票据款

（6）下列经济业务中，会引起资产总额增加的是（　　）。

    A. 归还银行短期贷款　　　　　　　　　B. 现金存入银行

    C. 签发商业汇票购入原材料　　　　　　D. 收到到期的应收票据款

（7）某公司期初资产总额为 200 万元，期末负债总额比期初增加了 30 万元，期末所有者权益总额比期初减少了 10 万元，则期末资产总额为（　　）万元。

    A. 200　　　　　B. 210　　　　　C. 220　　　　　D. 230

（8）下列会引起资产与负债同时增加的业务是（　　　　）。

　　A. 用银行存款购入原材料

　　B. 用商业汇票购入原材料

　　C. 用银行存款归还短期借款

　　D. 收到股东投入资本

（9）发生额平衡法，是根据全部账户本期借方发生额合计与全部账户本期贷方发生额合计的平衡关系，检验本期账户发生额记录是否正确的方法。发生额平衡法的理论依据是（　　　　）。

　　A. 记账符号　　　　B. 记账规则　　　　C. 账户结构　　　　D. 会计等式

（10）余额平衡法，是根据期末所有账户的借方余额合计等于所有账户的贷方余额合计的平衡关系，检验本期账户记录是否正确的方法。余额平衡法的理论依据是（　　　　）。

　　A. 记账符号　　　　B. 记账规则　　　　C. 账户结构　　　　D. 会计等式

三、多选题（每小题 5 分，本题 50 分）

（1）下列属于成本类科目的有（　　　　）。

　　A. 生产成本　　　B. 制造费用　　　C. 主营业务成本　　　D. 其他业务成本

（2）下列属于所有者权益类科目的有（　　　　）。

　　A. 资本公积　　　B. 本年利润　　　C. 投资收益　　　D. 利润分配

（3）账户的各项金额包括（　　　　）。

　　A. 期初余额　　　B. 本期增加额　　　C. 本期减少额　　　D. 期末余额

（4）期末结账后没有余额的账户有（　　　　）。

　　A. 主营业务收入　　B. 管理费用　　　C. 生产成本　　　D. 财务费用

（5）下列选项中属于会计等式的有（　　　　）。

　　A. 收入-费用=利润

　　B. 期初余额+本期增加额-本期减少额=期末余额

　　C. 资产=负债+所有者权益

　　D. 资产+费用=负债+所有者权益+收入

（6）下列账户中借方登记增加额，贷方登记减少额的有（　　　　）。

　　A. 应收票据　　　B. 生产成本　　　C. 管理费用　　　D. 应付账款

（7）下列账户中贷方登记增加额，借方登记减少额的有（　　　　）。

　　A. 应交税费　　　B. 盈余公积　　　C. 其他业务收入　　　D. 应收账款

（8）下列引起资产内部有增有减的业务有（　　　　）。

　　A. 用银行存款购入原材料　　　　　　B. 收回到期的商业汇票票款

　　C. 支付到期的商业汇票票款　　　　　D. 用银行存款购入固定资产

（9）每笔会计分录都应包括（　　　　）。

　　A. 会计科目　　　B. 记账方向　　　C. 记账金额　　　D. 记账方法

（10）下列选项中，试算平衡无法发现的错误有（　　　　）。

　　A. 漏记某项业务　　　　　　　　　　B. 重记某项业务

　　C. 某项业务记账方向颠倒　　　　　　D. 某项业务用错会计科目

02

项目三

借贷记账法应用

项目内容 ↓

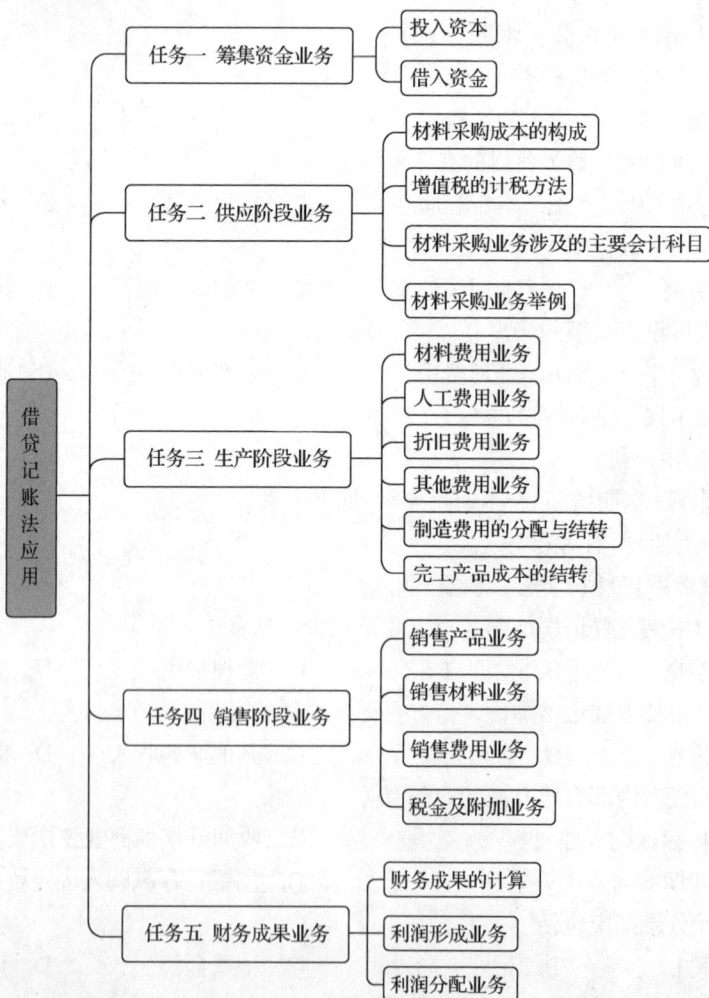

借贷记账法应用

- 任务一 筹集资金业务
  - 投入资本
  - 借入资金
- 任务二 供应阶段业务
  - 材料采购成本的构成
  - 增值税的计税方法
  - 材料采购业务涉及的主要会计科目
  - 材料采购业务举例
- 任务三 生产阶段业务
  - 材料费用业务
  - 人工费用业务
  - 折旧费用业务
  - 其他费用业务
  - 制造费用的分配与结转
  - 完工产品成本的结转
- 任务四 销售阶段业务
  - 销售产品业务
  - 销售材料业务
  - 销售费用业务
  - 税金及附加业务
- 任务五 财务成果业务
  - 财务成果的计算
  - 利润形成业务
  - 利润分配业务

项目说明 ↓

本项目以工业企业生产经营各阶段的基本经济业务为例，说明借贷记账法的应用，它是借贷记账法原理的巩固与加强，也是本课程最重要的项目。本项目内容掌握的程度，直接反映学习者的学习状况。如果能独立并正确完成本项目各任务的任务训练，说明学习者已经入门，后续学习将会轻松自如、一帆风顺。本项目每一任务均设置了两个任务训练，教学中，根据教学课时的具体情况，可以一次课（2课时）完成一个任务，也可以两次课（4课时）完成一个任务。需要强调的是，在教学过程中，学习者一定要将任务内容尤其是业务例题弄懂吃透，任务训练作业一定要独立完成！

项目目标 ↓

（一）理解实收资本、资本公积、短期借款的含义，能编写投入资本、短期借款等基本业务的会计分录。

（二）熟悉材料采购成本的构成和增值税一般纳税人的计税方法，能编写不同情况下材料采购业务的会计分录。

（三）熟悉生产阶段业务的内容，能编写材料费用、人工费用、折旧费用、其他费用、制造费用、产品完工等基本业务的会计分录。

（四）熟悉销售阶段业务的内容，能编写产品销售、材料销售、销售费用、税金及附加等基本业务的会计分录。

（五）理解财务成果、营业利润、利润总额、净利润的含义，能编写营业外收入、营业外支出、本年利润、所得税费用等利润形成业务的会计分录；能编写全年净利润结转、计提盈余公积、计提现金股利、年终结转"利润分配"明细账户余额等利润分配业务的会计分录。

03

任务一 筹集资金业务

任务导言

企业筹集资金主要有两个方面。一是投资者（股东）投入资本。这是企业"做生意的本钱"，这部分资金企业可以长期使用，只要企业持续经营，一般不需偿还，但企业应向股东分配利润。二是借入资金。当企业的生产经营资金不足时，可适当向银行等金融机构借入资金，即取得贷款。借入资金需要还本付息。

对于借入资金，企业应按偿还期限的长短，分别设置"短期借款"和"长期借款"科目进行核算。本任务只以短期借款为例讲解借入资金业务的账务处理。

短期借款业务的关键在于利息的处理。由于借款利息的支付期与承担期往往不一致，即在借款期间企业每月都应承担借款利息，而银行一般按季度收取利息，所以，企业应遵循权责发生制原则，按月计提利息，按季支付利息。

任务内容

一、投入资本

（一）投入资本相关知识

投入资本是指企业的投资者（股东）向企业投入的资本金，包括实收资本和资本公积。

实收资本指企业收到投资者按照合同或协议约定投入企业，或由资本公积、盈余公积转入构成注册资本的部分。实收资本的出资者可以是国家、法人、个人等。实收资本的出资形态可以是货币资金、实物资产和无形资产等。

资本公积是企业收到投资者的超出其在注册资本中所占份额的投资，以及直接计入所有者权益的利得和损失等。资本公积包括资本溢价和其他资本公积，其主要用途是转增资本。

（二）投入资本业务涉及的主要会计科目

1. "银行存款"科目

资产类科目，核算企业存入银行或其他金融机构可以随时使用的款项。"银行存款"账户借方登记银行存款的增加额，贷方登记银行存款的减少额，期末余额在借方，表示银行存款结余额。银行存款明细科目（日记账）按开户银行及账号设置。

2. "固定资产"科目

资产类科目，核算企业房屋及建筑物、生产设备、工具器具、运输设备、电子设备等固定资产的原始价值。"固定资产"账户借方登记固定资产原值的增加额，贷方登记固定资产原值的减少额，期末余额在借方，表示固定资产原值的结存额。固定资产明细科目应按固定资产的类别及项目设置。

3. "无形资产"科目

资产类科目，核算企业专利权、非专利技术、商标权、著作权、土地使用权等无形资产的原始价值。"无形资产"账户借方登记无形资产原值的增加额，贷方登记无形资产原值的减少

03

额，期末余额在借方，表示无形资产原值的结存额。无形资产明细科目应按无形资产的类别设置。

4."实收资本"科目

所有者权益类科目，核算企业收到投资者按照合同、协议或相关规定投入的、构成注册资本的部分。"实收资本"账户贷方登记实收资本的增加额，借方登记实收资本的减少额，期末余额在贷方，表示实收资本的现有额。实收资本明细科目应按投资者（股东）设置。

5."资本公积"科目

所有者权益类科目，核算企业收到投资者出资额超出其在注册资本中所占份额的部分。资本公积明细科目应按资本公积的类别设置。

（三）投入资本业务举例

【例3-1】2020年1月，珠江公司按照协议，收到股东投入货币资金500万元，其中A股东出资300万元，B股东出资200万元。珠江公司应编写会计分录如下：

借：银行存款　　　　　　　　　　　　　　　5 000 000
　　贷：实收资本——A股东　　　　　　　　　　　3 000 000
　　　　实收资本——B股东　　　　　　　　　　　2 000 000

【例3-2】2022年3月，珠江公司按照协议增加注册资本300万元。其中，C股东以生产设备一批作价出资，设备价值320万元，协议规定，构成注册资本的金额为200万元；D股东以一项专利权作价出资，该专利权价值180万元，协议规定，构成注册资本的金额为100万元。珠江公司应编写会计分录如下：

借：固定资产——机器设备　　　　　　　　　3 200 000
　　贷：实收资本——C股东　　　　　　　　　　　2 000 000
　　　　资本公积——资本溢价　　　　　　　　　　1 200 000
借：无形资产——专利权　　　　　　　　　　1 800 000
　　贷：实收资本——D股东　　　　　　　　　　　1 000 000
　　　　资本公积——资本溢价　　　　　　　　　　　800 000

【例3-3】2023年1月，珠江公将资本公积200万元转增资本，按各股东持股比例分配，已办妥相关手续。珠江公司应编写会计分录如下：

借：资本公积——资本溢价　　　　　　　　　2 000 000
　　贷：实收资本——A股东　　　　　　　　　　　　750 000
　　　　　　　　——B股东　　　　　　　　　　　　500 000
　　　　　　　　——C股东　　　　　　　　　　　　500 000
　　　　　　　　——D股东　　　　　　　　　　　　250 000

二、借入资金

（一）借入资金相关知识

借入资金主要是指企业从银行或其他金融机构取得的贷款。借入资金按借款期限的长短分为短期借款和长期借款。

短期借款是指借入的期限不超过一年的借款。短期借款的目的主要是满足企业生产经营资金的临时需要。对于短期借款利息，银行一般按季收取，于季末月份的下旬从企业的银行存款账户收取。企业应当按照权责发生制原则，按月计提短期借款利息。

长期借款是指借入的期限超过一年的借款。长期借款的目的主要是满足购建固定资产等长期资金的需要。

（二）短期借款业务涉及的主要会计科目

1.“短期借款”科目

负债类科目，核算企业向银行或其他金融机构借入的期限不超过一年的各种借款本金。“短期借款”账户贷方登记短期借款增加额，借方登记短期借款减少额，期末余额在贷方，表示尚未归还的短期借款本金。短期借款明细科目一般按贷款人设置。

2.“应付利息”科目

负债类科目，核算企业偿还期限不超过一年的各种借款利息。“应付利息”账户贷方登记应付利息增加额，借方登记应付利息减少额，期末余额在贷方，表示尚未归还的借款利息。应付利息明细科目应按贷款人设置。

3.“财务费用”科目

损益类费用科目，核算企业为筹集资金而发生的费用，主要包括利息费用、汇兑损益、银行手续费等。存款利息收入也在本科目核算。“财务费用”账户借方登记财务费用增加额，贷方登记财务费用减少额，期末结转本年利润后无余额。

（三）短期借款业务举例

【例 3-4】珠江公司 2022 年 12 月 31 日向工商银行借入期限为 1 年的借款 120 万元，年利率为 4.35%。应编写有关会计分录如下：

（1）2022 年 12 月 31 日，收到借款：

借：银行存款　　　　　　　　　　　　　　1 200 000

　　贷：短期借款——工商银行　　　　　　　　　1 200 000

（2）2023 年 1 月 31 日，计提当月利息：

月利息额=1 200 000 × 4.35% ÷ 12=4 350（元）

借：财务费用——利息费用　　　　　　　　4 350

　　贷：应付利息——工商银行　　　　　　　　　4 350

（2023 年 2 月—12 月每月计提利息的会计分录同上。）

（3）2023 年 3 月 21 日银行收取利息（季度利息=4 350 × 3=13 050 元）：

（注：银行收取利息的时间不是季末的最后一天，而是每季季末月份的第 21 日。）

借：应付利息——工商银行　　　　　　　　13 050

　　贷：银行存款　　　　　　　　　　　　　　　13 050

（6月、9月、12月银行收取利息的会计分录同上。）

（4）2023 年 12 月 31 日，归还借款本金：

借：短期借款——工商银行　　　　　　　　1 200 000

　　贷：银行存款　　　　　　　　　　　　　　　1 200 000

任务小结

（一）投入资本是指企业的投资者（股东）向企业投入的资本金，包括实收资本和资本公积。

（二）实收资本指企业收到投资者按照合同或协议约定投入企业，或由资本公积、盈余公积转入构成注册资本的部分。

（三）资本公积是企业收到投资者的超出其在注册资本中所占份额的投资，以及直接计入所有者权益的利得和损失等。

（四）投入资本业务核算涉及的主要会计科目有实收资本、资本公积、银行存款、固定资产、无形资产等。

（五）借入资金主要是指企业从银行或其他金融机构取得的贷款。借入资金按借款期限的长短分为短期借款和长期借款。短期借款是指借入期限不超过一年的借款。长期借款是指借入期限超过一年的借款。

（六）短期借款业务核算涉及的主要会计科目有短期借款、应付利息、财务费用等。

任务训练（一）

任务训练十一 练习编写筹集资金业务的会计分录

资料：某公司有关筹集资金业务如下。

（1）2020 年 3 月 10 日，收到股东投入货币资金 300 万元，其中：股东甲投入 200 万元，股东乙投入 100 万元，款项已转入企业银行存款账户。

（2）2022 年 3 月 20 日，收到股东丙投入的生产设备出资，按照协议，作为出资的生产设备价值 260 万元，构成注册资本的部分为 200 万元。

（3）2022 年 12 月 31 日，收到中国工商银行期限为一年的借款 90 万元，年利率为 5%。

（4）2023 年 1 月 31 日，计提当月应承担的短期借款利息。

（5）2023 年 2 月 28 日，计提当月应承担的短期借款利息。

（6）2023 年 3 月 31 日，计提当月应承担的短期借款利息。

（7）2023 年 3 月 21 日，以银行存款支付第一季度短期借款利息。

（8）2023 年 6 月 21 日，以银行存款支付第二季度短期借款利息。

（9）2023 年 9 月 21 日，以银行存款支付第三季度短期借款利息。

（10）2023 年 12 月 31 日，以银行存款归还短期借款本金 90 万元。

要求：根据上述业务分别编写会计分录（注：企业每月末都计提了短期借款利息）。

任务训练（二）

任务训练十二 再练习编写筹集资金业务的会计分录

资料：某公司有关筹集资金业务如下。

（1）2021 年 4 月 2 日，收到股东 A 货币资金出资 80 万元，款项已转入企业存款账户。

（2）2021 年 4 月 18 日，收到股东 B 以生产设备出资，作价 100 万，已完成相关移交手续。

（3）2021 年 4 月 22 日，收到股东 C 以专利权出资，作价 120 万元，已完成相关移交手续。

（4）2022 年 5 月 10 日，股东 C 将其股份 70 万元转让给股东 A，相关转让手续已经办理完毕。

03

（5）2023 年 3 月 31 日，收到中国工商银行期限为 9 个月的贷款 100 万元，年利率为 4.86%，贷款已转入企业存款账户。

（6）2023 年 4 月 30 日，计提本月应负担的短期借款利息。

（7）2023 年 6 月 21 日，银行从企业存款账户收取 4—6 月的贷款利息。

（8）2023 年 7 月 31 日，计提本月应负担的短期借款利息。

（9）2023 年 9 月 21 日，银行从企业存款账户收取 7—9 月的贷款利息。

（10）2023 年 12 月 31 日，归还已到期的中国工商银行贷款本金 100 万元，款项已从企业存款账户中划转。

要求：根据上述业务分别编写会计分录（注：企业每月末都计提了短期借款利息）。

03

任务二 供应阶段业务

任务导言

供应阶段是指企业的货币资金转变为生产储备资金的阶段，主要涉及材料采购业务和固定资产购置业务。由于固定资产购置业务的处理与材料采购业务大致相同，且该业务将在后续的财务会计课程中有详细讲解，所以，本任务只以材料采购业务为例说明借贷记账法的应用。

材料采购业务应注意两点：一是材料采购成本包括采购材料所发生的各类合理、必要的相关支出，采用历史成本计量；二是采购材料涉及增值税。增值税为价外税，税制比较复杂，本任务将介绍增值税的基本计税方法。学习者应当熟悉增值税一般纳税人的基本计税方法，否则，难以理解与掌握采购、销售等业务的账务处理。

任务内容

一、材料采购成本的构成

材料采购成本，是指企业外购材料所发生的各类合理、必要的相关支出，包括购买价款、相关税费、运输费、装卸费、保险费以及其他可归属于采购成本的费用。

购买价款是指企业购买材料的发票上列明的价款，不包括按规定可以抵扣的增值税税额。

相关税费是指企业购买材料发生的进口关税、消费税、资源税和不能抵扣的增值税进项税额等。

其他可归属于材料采购成本的费用是指采购过程中发生的仓储费、包装费、运输途中的合理损耗、入库前的挑选整理费等。

企业如果一次采购多种材料，发生的除买价以外的其他相关费用（简称"采购费用"），应选用合理的标准（如材料的重量、体积或买价），分配计入各种材料的采购成本。

$$材料采购成本=该材料的买价+应负担的采购费用$$

$$采购费用分配率=采购费用总额÷各种材料标准量之和$$

$$某种材料应负担的采购费用=该材料的标准量×采购费用分配率$$

> **注意事项**：如何避免分配费用出现误差？
>
> 为了避免出现误差，最后一种材料应负担的采购费用应采用减法即倒挤的方法计算。

二、增值税的计税方法

增值税是以单位和个人生产经营过程中取得的增值额为征税对象征收的一种税。增值税为价外税，即商品的售价不含增值税，增值税要按售价和适用税率另行计算。增值税纳税人分为一般纳税人和小规模纳税人。一般纳税人的计税方法是：

$$本月应纳税额=本月销项税额-本月进项税额$$

销项税额，是指纳税人按照不含税销售额和适用的增值税税率计算并收取的增值税税额。销项税额计算公式为：

$$销项税额=不含税销售额×适用的增值税税率$$

进项税额，是指纳税人购进货物、无形资产、不动产以及接受服务所支付或负担的增值税税额。一般纳税人支付的进项税额，可以凭增值税专用发票在销项税额中抵减（通常称为"抵扣"）。进项税额的计算公式为：

$$进项税额=购进货物或接受服务的不含税价款×适用的增值税税率$$

【例 3-5】某公司 2023 年 1 月购入原材料一批，进价为 100 000 元，现将该批原材料生产为产品并出售，售价为 200 000 元，增值税税率为 13%。在不考虑其他业务的情况下，应交增值税的计算过程如下：

进项税额=进价×增值税税率=100 000×13%=13 000（元）

销项税额=售价×增值税税率=200 000×13%=26 000（元）

本月应交增值税=本月销项税额-本月进项税额=26 000-13 000=13 000（元）

三、材料采购业务涉及的主要会计科目

（一）"原材料"科目

资产类科目，核算企业库存各种原材料的实际成本。"原材料"账户借方登记原材料增加额，贷方登记原材料减少额，期末余额在借方，表示原材料结存额。原材料明细科目应按材料的类别、品种和规格等设置。

（二）"在途物资"科目

资产类科目，核算原材料采用实际成本计价核算时，货款已付但材料尚未验收入库的材料采购成本。"在途物资"账户借方登记在途物资增加额，贷方登记在途物资减少额，期末余额在借方，表示已付款但尚未入库材料的采购成本。在途物资明细科目可按供应单位或物资品种设置。

（三）"应交税费——应交增值税"科目

负债类科目，核算企业应缴纳的增值税。"应交税费——应交增值税"账户贷方登记"销项税额""进项税额转出"等，借方登记"进项税额""已交税金"等；期末余额如在贷方，表示尚未缴纳的增值税税额；期末余额如在借方，表示尚未抵扣的增值税税额或多缴纳的增值税税额。

（四）"应付账款"科目

负债类科目，核算企业因购买材料、商品和接受劳务等经营活动应支付的款项。"应付账款"账户贷方登记应付账款的增加额，借方登记应付账款的减少额，期末余额一般在贷方，表示尚未偿还的应付账款。该账户如果出现借方余额，则表示预付的货款。应付账款明细科目应按供应单位设置。

（五）"应付票据"科目

负债类科目，核算企业因购买材料、商品和接受劳务供应等开出、承兑的商业汇票，包括商业承兑汇票和银行承兑汇票。"应付票据"账户贷方登记应付票据的增加额，借方登记应付票据的减少额，期末余额在贷方，表示尚未到期偿还的应付票据。

（六）"预付账款"科目

资产类科目，核算企业按照合同规定预付的款项。"预付账款"账户借方登记预付账款的增加

额，贷方登记预付账款的减少额（转销额），期末余额一般在借方，表示预付的款项。该账户如果出现贷方余额，则表示应付的款项。预付账款明细科目应按供应单位设置。

四、材料采购业务举例

材料采购业务，由于付款与收货的时间往往不一致，现分别以下列情况举例说明。例题中的会计主体均默认为增值税一般纳税人，为了节省文字，例题中一般不再说明。

（一）货款付清同时收货

【例 3-6】2023 年 3 月 2 日，珠江公司从南沙公司购入 A 材料一批，增值税专用发票上列示价款为 200 000 元，增值税为 26 000 元。另支付材料运费 2 180 元，运费增值税专用发票列示运输费 2 000 元，增值税 180 元。材料货款及运费均已支付，材料已验收入库。珠江公司应编写如下会计分录：

借：原材料——A 材料　　　　　　　　　　　202 000
　　应交税费——应交增值税（进项税额）　　 26 180
　　贷：银行存款　　　　　　　　　　　　　　　 228 180

（二）付款在前收货在后

【例 3-7】2023 年 3 月 8 日，珠江公司从南海公司购入两种材料：其中，B 材料买价为 300 000 元，增值税为 39 000 元；C 材料买价为 200 000 元，增值税为 26 000 元。取得增值税专用发票，货款当日通过银行支付。3 月 9 日支付该批材料运费 5 450 元，运费增值税专用发票列示运输费 5 000 元，增值税 450 元。运费按材料的买价比例分摊。3 月 10 日，原材料运达并验收入库。珠江公司应编写有关会计分录如下：

3 月 8 日支付材料货款：

借：在途物资——B 材料　　　　　　　　　　300 000
　　在途物资——C 材料　　　　　　　　　　200 000
　　应交税费——应交增值税（进项税额）　　 65 000
　　贷：银行存款　　　　　　　　　　　　　　　 565 000

3 月 9 日支付并分摊材料运费：

运费分配率=5 000÷（300 000+200 000）=0.01

B 材料分摊运费=300 000×0.01=3 000（元）

C 材料分摊运费=5 000-3 000=2 000（元）

借：在途物资——B 材料　　　　　　　　　　 3 000
　　在途物资——C 材料　　　　　　　　　　 2 000
　　应交税费——应交增值税（进项税额）　　　 450
　　贷：银行存款　　　　　　　　　　　　　　　 5 450

3 月 10 日材料验收入库：

借：原材料——B 材料　　　　　　　　　　　303 000
　　原材料——C 材料　　　　　　　　　　　202 000
　　贷：在途物资——B 材料　　　　　　　　　　 303 000
　　　　在途物资——C 材料　　　　　　　　　　 202 000

（三）收货在前付款在后

【例3-8】2023年4月20日，珠江公司从黄海公司购入原材料一批，材料运达并验收入库，增值税专用发票列示材料买价为400 000元，增值税为52 000元。当日银行存款账户余额不足，暂未付款。珠江公司应编写如下会计分录：

借：原材料——原料及主要材料　　　　　　　　　400 000
　　应交税费——应交增值税（进项税额）　　　　　52 000
　　贷：应付账款——黄海公司　　　　　　　　　　　　452 000

【例3-9】2023年5月8日，珠江公司从东海公司购入原材料一批，材料运达并验收入库，增值税专用发票列示材料买价为100 000元，增值税为13 000元。签发期限为2个月的商业承兑汇票一张。珠江公司应编写如下会计分录：

5月8日，材料入库：

借：原材料——原料及主要材料　　　　　　　　　100 000
　　应交税费——应交增值税（进项税额）　　　　　13 000
　　贷：应付票据——商业承兑汇票　　　　　　　　　　113 000

7月8日，到期支付票款：

借：应付票据——商业承兑汇票　　　　　　　　　113 000
　　贷：银行存款　　　　　　　　　　　　　　　　　　113 000

（四）预付货款采购业务

【例3-10】2023年5月10日，珠江公司以银行存款预付给天河公司购买材料定金50 000元。5月30日，收到天河公司发来的原材料，增值税专用发票列示材料买价为250 000元，增值税为32 500元。5月31日，通过银行支付其余货款232 500元。珠江公司应编写如下会计分录：

5月10日，预付定金：

借：预付账款——天河公司　　　　　　　　　　　50 000
　　贷：银行存款　　　　　　　　　　　　　　　　　　50 000

5月30日，材料入库：

借：原材料——原料及主要材料　　　　　　　　　250 000
　　应交税费——应交增值税（进项税额）　　　　　32 500
　　贷：预付账款——天河公司　　　　　　　　　　　　282 500

5月31日，支付其余货款：

借：预付账款——天河公司　　　　　　　　　　　232 500
　　贷：银行存款　　　　　　　　　　　　　　　　　　232 500

注意事项：同一往来单位为何不能多头开户？

同一往来单位不能多头开设明细账户。如【例3-10】，珠江公司的"预付账款"科目下已开设"天河公司"这一明细科目，不能再在"应付账款"科目下开设"天河公司"明细科目。因为这样既不便于往来款项的清算，还容易造成资产与负债同时出现虚增的现象。为了避免多头开设明细账户，企业可以不设"预付账款"科目，发生的预付货款业务也在"应付账款"科目核算。

任务小结

（一）材料采购成本，是指企业外购原材料所发生的各类合理、必要的相关支出，包括购买价款、相关税费、运输费、装卸费、保险费以及其他可归属于采购成本的费用。

（二）增值税是以单位和个人生产经营过程中取得的增值额为征税对象征收的一种税。增值税为价外税，即商品的售价不含增值税，增值税要按售价和适用税率另行计算。

（三）增值税纳税人分为一般纳税人和小规模纳税人。一般纳税人的计税方法是：本月应纳税额=本月销项税额-本月进项税额。

（四）材料采购业务核算涉及的主要会计科目有原材料、在途物资、应交税费——应交增值税、应付账款、应付票据、预付账款等。

任务训练（一）

任务训练十三　练习编写材料采购业务的会计分录

资料：某公司为增值税一般纳税人，2023年6月发生有关业务如下。

（1）6月2日，从A公司购入甲材料一批，增值税专用发票列示价款200 000元，增值税26 000元，运费增值税专用发票注明运费1 600元，增值税144元。上述款项已通过银行支付，材料尚未到达。

（2）6月3日，从A公司购入的甲材料运到，验收入库。

（3）6月5日，从B公司购入乙材料一批，增值税专用发票列示价款260 000元，增值税33 800元，运费增值税专用发票列示运费1 800元，增值税162元。该批材料已验收入库，全部款项以银行存款支付。

（4）6月10日，向C公司购入丙材料一批，增值税专用发票列示价款320 000元，增值税41 600元，材料已验收入库，货款尚未支付。

（5）6月15日，向D公司购入丁材料一批，增值税专用发票列示价款190 000元，增值税24 700元，材料已验收入库，签发商业承兑汇票一张。

（6）6月16日，通过银行转账支付欠C公司货款361 600元。

（7）6月18日，通过银行转账向E公司预付购买甲材料的货款48 000元。

（8）6月20日，从F公司购入甲材料一批，增值税专用发票列示买价210 000元，增值税27 300元，运费增值税专用发票列示运价1 200元，增值税108元。上述款项均通过银行支付，材料尚未入库。

（9）6月22日，向F公司购入并已付款的甲材料验收入库。

（10）6月30日，收到E公司发来的甲材料，并验收入库。增值税专用发票列示买价180 000元，增值税23 400元。当日，以银行存款支付剩余部分货款。

要求：根据以上业务编写会计分录。

任务训练（二）

任务训练十四　再练习编写材料采购业务的会计分录

资料：某公司为增值税一般纳税人，2023年8月发生有关业务如下。

（1）8月3日，从东江公司购入A材料一批，买价100 000元，增值税13 000元，取得增值税专用发票，货款当日通过银行付清，材料已验收入库。

（2）8月6日，从南江公司购入A、B两种材料，其中：A材料买价150 000元，增值税19 500元；B材料买价250 000元，增值税32 500元，取得增值税专用发票，货款通过银行付清，材料尚未验收入库。

（3）8月7日，支付从南江公司购入A、B材料的运费4 000元，增值税360元，价税款4 360元当日通过银行付清。运费按材料的买价分摊。

（4）8月8日，从南江公司购入的A、B材料验收入库。

（5）8月12日，从西江公司购入C材料一批，买价200 000元，增值税26 000元，材料已验收入库，签发商业承兑汇票一张。

（6）8月15日，从北江公司购入D材料一批，买价220 000元，增值税28 600元，材料已验收入库，货款暂未支付。

（7）8月16日，预付南沙公司购买B材料定金50 000元。

（8）8月28日，收到南沙公司发来的B材料，增值税专用发票列示买价200 000元，增值税26 000元，材料已验收入库。

（9）8月29日，通过银行支付南沙公司剩余货款176 000元。

（10）8月30日，通过银行支付已到期的商业汇票票款300 000元。

要求：根据以上业务编写会计分录。

03

任务三 生产阶段业务

任务导言

生产阶段是劳动者通过劳动工具对劳动对象进行加工制造出商品产品的阶段。生产阶段的业务比较多，也比较复杂，涉及产品生产成本的计算，本任务尽可能地将复杂的业务做简单化的处理，但对于初学者来说，可能还是有一定的难度。

生产阶段业务应重点把握以下三个要点。一是"制造费用"是如何归集的，期末要不要分配，往哪里结转。二是计提折旧的会计分录为什么这样做；"累计折旧"账户的结构与负债类账户相同，为什么它不属于负债类账户而属于资产类账户。三是完工产品成本是如何归集的，完工产品成本由哪些内容构成，往哪里结转。

任务内容

一、生产阶段业务的内容

生产阶段是将原材料等投入生产，工人借助机器设备、生产工具等劳动资料，对材料进行加工，生产出商品产品的阶段。生产阶段的业务主要是发生各种耗费，包括材料的消耗、人工费用的消耗、固定资产的损耗以及其他费用的消耗等。生产阶段的各种耗费可以分为两大类。一类是构成产品成本的耗费，称为生产费用。生产费用又分为直接费用和间接费用。直接费用包括直接材料费用、直接人工费用、直接燃料与动力费用等；间接费用即制造费用。另一类是不构成产品成本，应计入当期损益的耗费，称为期间费用。期间费用包括销售费用、管理费用和财务费用。生产阶段耗费分类如图 3-1 所示。

03

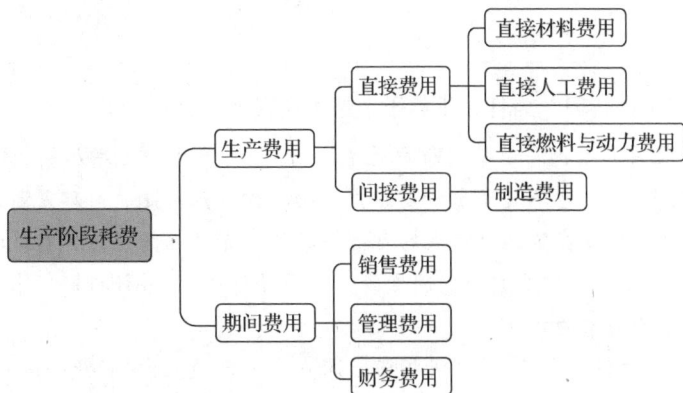

图 3-1 生产阶段耗费分类

二、生产阶段业务涉及的主要会计科目

（一）"生产成本"科目

成本类科目，核算企业进行工业性生产发生的各项生产成本。"生产成本"账户借方登记生产

成本的增加额（发生额），贷方登记生产成本的减少额（转出额），期末如果有余额，一定在借方，表示在产品成本。本科目一般按产品的品种设置明细科目。

（二）"制造费用"科目

成本类科目，核算企业生产车间（或部门）为生产产品或提供劳务而发生的各项间接费用，主要包括生产车间发生的物料消耗、折旧费、办公费、水电费、差旅费以及车间管理人员的职工薪酬等。"制造费用"账户借方登记制造费用的增加额（发生额），贷方登记制造费用的减少额（转出额），期末结转"生产成本"后无余额。本科目一般按生产车间（或部门）设置明细科目。

（三）"应付职工薪酬"科目

负债类科目，核算企业根据有关规定应付给职工的各种薪酬，包括工资、职工福利、社会保险费、住房公积金、工会经费、职工教育经费等。"应付职工薪酬"账户贷方登记应付职工薪酬的增加额（发生数），借方登记应付职工薪酬的减少额（支付数），期末余额一般在贷方，表示尚未支付的职工薪酬。本科目应按职工薪酬的种类设置明细科目。

（四）"管理费用"科目

损益类费用科目，核算企业为组织和管理企业生产经营所发生的管理费用，主要包括行政管理部门的职工薪酬、物料消耗、办公费、差旅费、业务招待费、折旧费、水电费等。"管理费用"账户借方登记管理费用的增加额（发生额），贷方登记管理费用的减少额（转出额），期末结转"本年利润"后无余额。

（五）"累计折旧"科目

资产类备抵科目，核算企业固定资产的累计折旧额。"累计折旧"账户贷方登记累计折旧的增加额，借方登记累计折旧的减少额，期末余额在贷方，表示固定资产的累计折旧额。累计折旧明细科目的设置应与固定资产明细科目设置保持一致，即也按固定资产的类别、项目设置明细科目。

注意事项："累计折旧"为什么不属于负债类科目？

"累计折旧"账户的结构与负债类账户的结构相同，即贷方登记增加额，借方登记减少额，期末余额在贷方，为什么它不属于负债类账户，而算作资产类账户？那是因为"累计折旧"账户的期末贷方余额不是在资产负债表的负债方填列，而是在资产方以负数填列，即列作固定资产的减项。"固定资产"账户核算固定资产的原始价值，"累计折旧"账户核算固定资产的损耗价值，二者的关系为：

"固定资产"账户借方余额－"累计折旧"账户贷方余额＝固定资产净值（账面价值）

（六）"库存商品"科目

资产类科目，核算企业库存的各种商品的实际成本。"库存商品"账户借方登记库存商品的增加额，贷方登记库存商品的减少额，期末余额在借方，表示库存商品的结余额。本科目应按库存商品的种类设置明细科目。

三、生产阶段业务举例

（一）材料费用业务

【例 3-11】2022 年 12 月 31 日，珠江公司经汇总本月发出原材料实际成本 915 000 元，其中：甲产品耗用 390 000 元；乙产品耗用 520 000 元；车间一般耗用 3 000 元；企业管理部门耗用 2 000 元。月末根据原材料发出汇总表，编写会计分录如下：

借：生产成本——甲产品（直接材料）　　　　　　390 000
　　生产成本——乙产品（直接材料）　　　　　　520 000
　　制造费用——基本车间（物料消耗）　　　　　　3 000
　　管理费用——物料消耗　　　　　　　　　　　　2 000
　　　贷：原材料——原料及主要材料　　　　　　　　　　915 000

（二）人工费用业务

【例 3-12】2022 年 12 月 31 日，珠江公司经汇总本月应付职工工资 475 000 元，其中：甲产品生产工人工资 180 000 元；乙产品生产工人工资 220 000 元；基本车间管理人员工资 15 000 元；专设销售部门人员工资 10 000 元；企业管理部门人员工资 50 000 元。根据本月应付工资汇总表，编写计提工资的会计分录如下：

借：生产成本——甲产品（直接人工）　　　　　　180 000
　　生产成本——乙产品（直接人工）　　　　　　220 000
　　制造费用——基本车间（工资）　　　　　　　15 000
　　销售费用——工资　　　　　　　　　　　　　10 000
　　管理费用——工资　　　　　　　　　　　　　50 000
　　　贷：应付职工薪酬——工资　　　　　　　　　　　475 000

下月发放职工工资时，假设没有代扣代缴款项，应编写如下会计分录：

借：应付职工薪酬——工资　　　　　　　　　　475 000
　　　贷：银行存款　　　　　　　　　　　　　　　　475 000

【例 3-13】沿用【例 3-12】资料，珠江公司根据当月职工工资总额的 14% 计提职工福利费，应编写如下会计分录：

借：生产成本——甲产品（直接人工）　　　　　　25 200
　　生产成本——乙产品（直接人工）　　　　　　30 800
　　制造费用——基本车间（福利费）　　　　　　2 100
　　销售费用——福利费　　　　　　　　　　　　1 400
　　管理费用——福利费　　　　　　　　　　　　7 000
　　　贷：应付职工薪酬——职工福利　　　　　　　　　66 500

日后支付（使用）职工福利费时，编写如下会计分录：

借：应付职工薪酬——职工福利　　　　　　　　66 500
　　　贷：银行存款　　　　　　　　　　　　　　　　66 500

固定资产折旧的
账务处理

（三）折旧费用业务

【例 3-14】2022 年 12 月 31 日，珠江公司经计算本月应计提固定资产折旧费 160 000 元，其中：基本生产车间折旧费 100 000 元；企业管理部门折旧费 50 000 元；专设销售部门折旧费 10 000 元。计提折旧的会计分录如下：

借：制造费用——基本车间（折旧费）　　　100 000
　　管理费用——折旧费　　　　　　　　　　50 000
　　销售费用——折旧费　　　　　　　　　　10 000
　　　贷：累计折旧　　　　　　　　　　　　　　　160 000

（四）其他费用业务

【例 3-15】2022 年 12 月 20 日，珠江公司基本生产车间人员张永刚报销差旅费 5 700 元，该职工出差前预借差旅费 6 000 元，交回现金 300 元。应编写如下会计分录：

借：制造费用——基本车间（差旅费）　　　　5 700
　　库存现金　　　　　　　　　　　　　　　　300
　　　贷：其他应收款——张永刚　　　　　　　　　6 000

【例 3-16】2022 年 12 月 31 日，珠江公司经计算与分配，本月应付电费 56 000 元，其中：基本车间甲产品电费 15 400 元，乙产品电费 20 500 元，车间照明电费 2 100 元，专设销售部门电费 3 000 元，企业管理部门电费 15 000 元。分配电费应编写会计分录如下：

借：生产成本——甲产品（直接材料）　　　15 400
　　生产成本——乙产品（直接材料）　　　20 500
　　制造费用——基本车间（电费）　　　　　2 100
　　销售费用——电费　　　　　　　　　　　3 000
　　管理费用——电费　　　　　　　　　　15 000
　　　贷：应付账款——供电局　　　　　　　　　56 000

📚 **注意事项：产品生产直接耗用的电费记入哪个成本项目？**

产品生产直接耗用的电费可以记入该产品的"直接材料"成本项目，也可以记入单设的"燃料与动力"成本项目，企业应根据管理上的需要进行处理。

下月支付电费时，取得增值税专用发票，发票中列示电费 56 000 元，增值税 7 280 元，以银行存款支付，应编写如下会计分录：

借：应付账款——供电局　　　　　　　　　56 000
　　应交税费——应交增值税（进项税额）　　7 280
　　　贷：银行存款　　　　　　　　　　　　　　63 280

（五）制造费用的分配与结转

"制造费用"账户核算企业基本生产车间发生的除直接材料、直接人工、直接动力等以外的各项间接费用，月末应将"制造费用"账户的发生额全部转入该车间的"生产成本"账户。如果该车间只生产一种产品，无须分配，直接结转；如果该车间生产两种或两种以上的产品，则应将发生的制造费用在各产品之间进行分配，再按分配的金额进行结转。制造费用的分配应选用一种合理的分配方法，如生产工人工资比例法、生产工时比例法等。

【例 3-17】2022 年 12 月末，按照生产工人工资比例分配并结转本月发生的制造费用。有关工作程序如下。

（1）采用 T 形账户登记汇总本月发生的制造费用，如图 3-2 所示。

制造费用——基本车间

（1）物料消耗	3 000	
（2）工资	15 000	
（3）福利费	2 100	
（4）折旧费	100 000	
（5）差旅费	5 700	
（6）电费	2 100	
合计	127 900	

图 3-2　制造费用 T 形账户

（2）分配制造费用

制造费用分配率=127 900÷（180 000+220 000）=0.319 8

甲产品分配的制造费用=180 000×0.319 8=57 564（元）

乙产品分配的制造费用=127 900-57 564=70 336（元）

（3）结转制造费用

借：生产成本——甲产品（制造费用）　　　　　　57 564

　　生产成本——乙产品（制造费用）　　　　　　70 336

　　贷：制造费用——基本车间　　　　　　　　　　　　127 900

注意事项：分配制造费用如何避免出现误差？

分配制造费用时，由于分配率可能是一个除不尽的数，所以在计算最后一个受益对象应承担的费用时，要用减法（倒挤法）来计算，否则，会导致制造费用的分配出现误差。此例应分配的制造费用为 127 900 元，分配结果，甲、乙两个产品承担的制造费用之和应正好等于 127 900 元，不能少 1 分钱，也不能多 1 分钱。

03

（六）完工产品成本的结转

【例 3-18】2022 年 12 月 31 日，基本车间生产的甲、乙两种产品全部完工并验收入库，结转完工产品成本。有关工作程序如下。

（1）采用 T 形账户登记汇总本月产品生产成本，如图 3-3 所示。

生产成本——甲产品

（1）直接材料	390 000	
（2）直接人工	180 000	
（3）直接人工	25 200	
（4）直接动力	15 400	
（5）制造费用	57 564	
合计	668 164	

生产成本——乙产品

（1）直接材料	520 000	
（2）直接人工	220 000	
（3）直接人工	30 800	
（4）直接动力	20 500	
（5）制造费用	70 336	
合计	861 636	

图 3-3　生产成本 T 形账户

（2）结转完工产品成本

借：库存商品——甲产品　　　　　　　　　　　668 164

　　　库存商品——乙产品　　　　　　　　　　　861 636

　　贷：生产成本——甲产品　　　　　　　　　　　668 164

　　　　生产成本——乙产品　　　　　　　　　　　861 636

任务小结

（一）生产阶段的各种耗费可以分为两大类：一类是构成产品成本的耗费，称为生产费用；另一类是不构成产品成本，应计入当期损益的耗费，称为期间费用。

（二）生产费用分为直接费用和间接费用。直接费用包括直接材料费用、直接人工费用、直接燃料和动力费用等；间接费用即制造费用。

（三）期间费用包括销售费用、管理费用和财务费用。

（四）生产阶段业务核算涉及的主要会计科目有生产成本、制造费用、应付职工薪酬、管理费用、累计折旧、库存商品等。

任务训练（一）

任务训练十五　练习编写生产阶段业务的会计分录

资料：某公司 2023 年 5 月发生的有关业务如下。

（1）生产 M 产品领用甲材料 200 000 元，领用乙材料 100 000 元。

（2）生产 N 产品领用丙材料 300 000 元，领用丁材料 180 000 元。

（3）通过银行发放上月职工工资 150 000 元。

（4）月末计提本月应付职工工资 160 000 元，其中：生产 M 产品工人工资 54 000 元，生产 N 产品工人工资 66 000 元，车间管理人员工资 10 000 元，企业行政管理人员工资 30 000 元。

（5）按本月职工工资总额的 10% 计提职工福利费。

（6）以现金支付办公费 5 600 元，其中：生产车间 2 000 元，行政管理部门 3 600 元。

（7）以现金支付车间主任预借差旅费 5 000 元。

（8）车间主任出差回来，报销差旅费 4 600 元，交回多余现金 400 元。

（9）计提本月固定资产折旧费 26 000 元，其中：生产车间折旧费 16 000 元，行政管理部门折旧费 10 000 元。

（10）将本月发生的制造费用按本月 M 产品和 N 产品生产工人工资的比例分配，并结转"生产成本"账户。

（11）本月投产的 M 产品和 N 产品全部完工并验收入库，结转其生产成本。

要求：根据以上业务编写会计分录。

任务训练（二）

任务训练十六　再练习编写生产阶段业务的会计分录

资料：某公司 2023 年 6 月有关业务如下。

（1）仓库发出原材料 533 000 元，其中：甲产品耗用 350 000 元，乙产品耗用 180 000 元，生产车间一般耗用 2 000 元，行政管理部门耗用 1 000 元。

（2）分配本月应付职工工资 183 000 元，其中：甲产品工人工资 80 600 元，乙产品工人工资 49 400 元，车间管理人员工资 12 000 元，行政管理人员工资 41 000 元。

（3）按本月职工工资总额的 14% 计提职工福利费。

（4）计提本月固定资产折旧费，其中：生产车间折旧费 25 000 元，行政管理部门折旧费 7 800 元。

（5）计提本月应付电费 50 000 元，其中：甲产品应承担电费 20 000 元，乙产品应承担费 15 000 元，车间一般耗用电费 5 000 元，行政管理部门耗用电费 10 000 元。

（6）计提本月应付水费 6 000 元，其中：生产车间应负担水费 2 000 元，行政管理部门应负担水费 4 000 元。

（7）以现金支付办公费 2 800 元，其中：生产车间 900 元，行政管理部门 1 900 元。

（8）以银行存款支付劳动保护费 30 000 元，其中生产车间 22 000 元，行政管理部门 8 000 元。

（9）汇总本月发生的制造费用，然后按甲、乙两种产品生产工人工资的比例进行分配并结转。

（10）本月投产的甲产品和乙产品全部完工，结转其实际生产成本。

要求：根据以上业务编写会计分录。

03

任务四　销售阶段业务

任务导言

销售阶段业务主要包括确认销售收入、结算销售货款、结转销售成本、归集销售费用、计提并缴纳税金及附加等。

需要注意的是，采购业务最少编写一笔会计分录可以记录完毕，但是销售业务则至少要编写两笔会计分录才能记录完毕：一是确认销售收入，借记"银行存款（应收票据、应收账款、预收账款）"科目，贷记"主营业务收入"和"应交税费——应交增值税（销项税额）"科目；二是结转销售成本，借记"主营业务成本"科目，贷记"库存商品"科目。两笔分录会计科目的对应关系是固定的，不得随意调换，也不得将两笔分录合成一笔多借多贷的会计分录。实际上，销售业务的两笔会计分录并不是同时编写的：通常情况下，收入应在其实现的时候确认，而其相关成本的结转一般在月末集中进行。

任务内容

一、销售阶段业务涉及的主要会计科目

（一）"主营业务收入"科目

损益类收入科目，核算企业确认的销售商品、提供劳务等主营业务收入。"主营业务收入"账户贷方登记主营业务收入增加额，借方登记主营业务收入减少额（转出额），期末结转"本年利润"后无余额。本科目应按主营业务收入的种类设置明细科目。

（二）"其他业务收入"科目

损益类收入科目，核算企业确认的除主营业务活动以外的其他经营活动实现的收入，包括出租固定资产、出租无形资产、出租投资性房地产、出租包装物和商品、销售材料等实现的收入。"其他业务收入"账户贷方登记其他业务收入增加额，借方登记其他业务收入减少额（转出额），期末结转"本年利润"后无余额。本科目应按其他业务收入的种类设置明细科目。

（三）"主营业务成本"科目

损益类费用科目，核算企业确认销售商品、提供劳务等主营业务收入时应结转的成本。"主营业务成本"账户借方登记主营业务成本增加额，贷方登记主营业务成本减少额（转出额），期末结转"本年利润"后无余额。本科目应按主营业务成本的种类设置明细科目。

（四）"其他业务成本"科目

损益类费用科目，核算企业确认的除主营业务活动以外的其他经营活动所发生的支出，包括销售材料的成本、出租固定资产的折旧、出租无形资产的摊销、出租投资性房地产的折旧或摊销、出租包装物的成本或摊销等。"其他业务成本"账户借方登记其他业务成本增加额，贷方登记其他业务成本减少额（转出额），期末结转"本年利润"后无余额。本科目应按其他业务成本的种类设置明细科目。

（五）"销售费用"科目

损益类费用科目，核算企业销售商品和材料、提供劳务过程中发生的各种费用，包括保险费、包装费、展览费、广告费、运输费、装卸费以及为销售本企业商品而专设的销售机构的职工薪酬、业务费、折旧费、维修费等经营费用。"销售费用"账户借方登记销售费用的增加额（发生额），贷方登记销售费用的减少额（转出额），期末结转"本年利润"后无余额。本科目应按销售费用的项目设置明细科目。

（六）"税金及附加"科目

损益类费用科目，核算企业经营活动发生的消费税、城市维护建设税、资源税、土地增值税、房产税、城镇土地使用税、车船税、印花税及教育费附加等相关税费。"税金及附加"账户借方登记税金及附加增加额，贷方登记税金及附加减少额（转出额），期末结转"本年利润"后无余额。本科目应按税金及附加的种类设置明细科目。

（七）"应收账款"科目

资产类科目，核算企业因销售商品、提供劳务等经营活动应收取的款项。"应收账款"账户借方登记应收账款的增加额（发生额），贷方登记应收账款的减少额，期末余额一般在借方，表示尚未收回的应收账款。该账户如果出现贷方余额，则表示预收的货款。本科目应按客户单位或个人设置明细科目。

（八）"应收票据"科目

资产类科目，核算企业因销售商品、提供劳务等而收到的商业汇票，包括商业承兑汇票和银行承兑汇票。"应收票据"账户借方登记应收票据的增加额，贷方登记应收票据的减少额，期末余额在借方，表示尚未收回的应收票据。

（九）"预收账款"科目

负债类科目，核算企业按照合同规定预收的款项。"预收账款"账户贷方登记预收账款的增加额，借方登记预收账款的减少额（转销额），期末余额一般在贷方，表示预收的货款。如果期末出现借方余额，则表示应收的货款。本科目应按客户单位或个人设置明细科目。

二、销售阶段业务举例

（一）销售产品业务

1. 产品出售同时收到货款

【例3-19】2023年3月10日，珠江公司向东江公司销售甲产品一批，增值税专用发票列示价款200 000元，增值税26 000元。商品及发票已交付给东江公司，当日货款通过网银入账。珠江公司应编写如下会计分录：

借：银行存款　　　　　　　　　　226 000
　　贷：主营业务收入——甲产品　　　　　　200 000
　　　　应交税费——应交增值税（销项税额）　　26 000

2. 产品出售暂未收到货款

【例3-20】2023年4月10日，珠江公司向西江公司销售甲产品一批，增值税专用发票列示价款250 000元，增值税32 500元。商品及发票已交付给西江公司，收到西江公司签发承兑的期限为 3 个月的商业承兑汇票一张，票面金额为 282 500 元。7 月 10 日，珠江公司收到西江公司支付的该商业汇票票款。珠江公司应编写如下会计分录：

（1）2023 年 4 月 10 日，取得商业汇票：

借：应收票据　　　　　　　　　　　　　　282 500

　　贷：主营业务收入——甲产品　　　　　　　　250 000

　　　　应交税费——应交增值税（销项税额）　　　32 500

（2）2023 年 7 月 10 日，收回票款：

借：银行存款　　　　　　　　　　　　　　282 500

　　贷：应收票据　　　　　　　　　　　　　　282 500

【例 3-21】2023 年 7 月 2 日，珠江公司向北江公司销售甲产品一批，增值税专用发票列示价款 300 000 元，增值税 39 000 元。商品及发票已交付给北江公司，货款暂未收到。7 月 6 日，珠江公司收到北江公司支付的甲产品全部货款。珠江公司应编写如下会计分录：

7 月 2 日，确认销售收入：

借：应收账款——北江公司　　　　　　　　339 000

　　贷：主营业务收入——甲产品　　　　　　　　300 000

　　　　应交税费—— 应交增值税（销项税额）　　　39 000

7 月 6 日，收到北江公司货款：

借：银行存款　　　　　　　　　　　　　　339 000

　　贷：应收账款——北江公司　　　　　　　　339 000

3. 预收货款方式销售产品

【例 3-22】2023 年 8 月 8 日，珠江公司按照合同预收南江公司定购甲产品定金 30 000 元。8 月 28 日珠江公司向南江公司交付产品，增值税专用发票列示价款 280 000 元，增值税 36 400 元。8 月 30 日收到南江公司支付的定金以外的货款。珠江公司应编写如下会计分录：

8 月 8 日，预收货款：

借：银行存款　　　　　　　　　　　　　　30 000

　　贷：预收账款——南江公司　　　　　　　　30 000

8 月 28 日，交付甲产品：

借：预收账款——南江公司　　　　　　　　316 400

　　贷：主营业务收入——甲产品　　　　　　　　280 000

　　　　应交税费——应交增值税（销项税额）　　　36 400

8 月 30 日，收回其余货款：

借：银行存款　　　　　　　　　　　　　　286 400

　　贷：预收账款——南江公司　　　　　　　　286 400

注意事项：如何避免同一客户单位多头开户？

同一客户单位不能同时在"应收账款"科目和"预收账款"科目下开设明细科目。为了避免同一往来单位多头开户，企业可以不设置"预收账款"科目，发生的预收货款业务，在"应收账款"科目核算。那么，如何区分应收账款和预收账款呢？这个很容易：应收账款明细账户，凡是期末出现借方余额的，都是应收账款；凡是期末出现贷方余额的，都是预收账款。

4. 结转已销产品成本

一般来说，收入应在其实现的时候确认，而其相关成本的结转则在月末集中进行，因为企业发出商品一般采用加权平均法计价，而加权平均单价只有在月末才能计算确定，即只有月末才能计算出本月发出产品的成本。

【例 3-23】2023 年 3 月 31 日，珠江公司本月共计销售甲产品 2 600 件，甲产品的平均单位成本为 250.36 元。月末结转已销甲产品成本应编写如下会计分录：

借：主营业务成本——甲产品　　　　　　　　　　650 936
　　贷：库存商品——甲产品　　　　　　　　　　　　650 936

（二）销售材料业务

【例 3-24】珠江公司 2023 年 6 月 12 日出售不需用的 M 材料一批，销售共计 90 000 元，增值税 11 700 元。月末经计算该批 M 材料的成本为 100 000 元。价税款通过网银收讫，应编写如下会计分录：

（1）6 月 12 日，确认材料销售收入：

借：银行存款　　　　　　　　　　　　　　　　101 700
　　贷：其他业务收入——材料销售　　　　　　　　　90 000
　　　　应交税费——应交增值税（销项税额）　　　　11 700

（2）6 月 30 日，结转销售材料成本：

借：其他业务成本——材料销售　　　　　　　　　100 000
　　贷：原材料——原材料及主要材料　　　　　　　　100 000

（三）销售费用业务

【例 3-25】2023 年 3 月 14 日，珠江公司支付广告费 159 000 元（含增值税 9 000 元），取得增值税专用发票，款项通过网银支付。珠江公司应编写如下会计分录：

借：销售费用——广告费　　　　　　　　　　　　150 000
　　应交税费——应交增值税（进项税额）　　　　　　9 000
　　贷：银行存款　　　　　　　　　　　　　　　　　159 000

（四）税金及附加业务

> **税法知识：**
>
> 城市维护建设税和教育费附加的计税依据均为纳税人当月实际应缴纳的增值税和消费税税额。如果纳税人当月应交增值税和消费税均为 0，则当月也不用缴纳城市维护建设税和教育费附加。城市维护建设税税率为：纳税人所在地为市区的，税率为 7%；纳税人所在地为县城、镇的，税率为 5%；纳税人所在地不在市区、县城或镇的，税率为 1%。教育费附加不分纳税人所在地，其征收率均为 3%。

【例 3-26】2023 年 3 月，珠江公司本月实际应交增值税 640 000 元、应交消费税 260 000 元。月末计提城市维护建设税（7%）、教育费附加（3%）。计算及计提税金及附加的会计分录如下：

应交城市维护建设税=（640 000+260 000）×7%=63 000（元）

应交教育费附加=（640 000+260 000）×3%=27 000（元）

03

借：税金及附加——城市维护建设税 63 000
　　　　　　　——教育费附加 27 000
　　贷：应交税费——应交城市维护建设税 63 000
　　　　　　　　　——应交教育费附加 27 000

下月初缴纳税金及附加时：

借：应交税费——应交城市维护建设税 63 000
　　　　　　　——应交教育费附加 27 000
　　贷：银行存款 90 000

任务小结

（一）销售阶段业务核算涉及的主要会计科目有主营业务收入、其他业务收入、主营业务成本、其他业务成本、销售费用、税金及附加、应收账款、应收票据、预收账款等。

（二）确认产品销售收入的会计分录为：借记"银行存款""应收账款""应收票据""预收账款"等科目，贷记"主营业务收入""应交税费——应交增值税（销项税额）"科目。

（三）结转已销产品成本的会计分录为：借记"主营业务成本"科目，贷记"库存商品"科目。

（四）确认材料销售收入的会计分录为：借记"银行存款"等科目，贷记"其他业务收入""应交税费——应交增值税（销项税额）"科目。

（五）结转已销材料成本的会计分录为：借记"其他业务成本"科目，贷记"原材料"科目。

（六）计提税金及附加的会计分录为：借记"税金及附加"科目，贷记"应交税费"科目。

任务训练（一）

任务训练十七　练习编写销售阶段业务的会计分录

资料：某公司为增值税一般纳税人，2023年8月有关业务如下。

（1）出售A产品500件，每件售价160元，增值税税率为13%，货款已通过银行收到。

（2）向X公司出售B产品900件，每件150元，增值税税率为13%，货款暂未收到。

（3）以银行存款支付产品销售过程中的运输费，增值税专用发票列示运价3 000元，增值税270元。

（4）向Y公司出售B产品600件，每件150元，增值税税率为13%，收到商业承兑汇票一张。

（5）出售原材料1 200千克，单价25元，增值税税率为13%，款项已通过银行收到。

（6）月末结转本月销售产品的实际生产成本。本月销售A产品8 000件，单位成本130元，销售B产品5 000件，单位成本120元。

（7）结转本月销售原材料的成本。本月销售原材料3 000千克，单位成本28元。

（8）收到银行收款通知，收到X公司所欠货款152 550元。

（9）通过银行支付产品广告费60 000元及增值税3 600元，取得增值税专用发票。

（10）经计算本月应交增值税260 000元，按7%计提应交城市维护建设税，按3%计提应交教育费附加。

要求：根据以上业务编写会计分录。

任务训练（二）

任务训练十八　再练习编写销售阶段业务的会计分录

资料：某公司为增值税一般纳税人，2023 年 5 月发生有关业务如下。

（1）销售给 X 公司 M 产品 400 件，每件售价 500 元，价款 200 000 元，增值税 26 000 元，收到支票一张，当日送存银行。

（2）以银行存款支付产品广告费 20 000 元，增值税 1 200 元，取得增值税专用发票。

（3）通过银行转账收到上月 Y 公司所欠货款 126 000 元。

（4）销售给 Z 公司 N 产品 1 000 件，每件售价 600 元，价款 600 000 元，增值税 78 000 元，收到期限为 3 个月的商业承兑汇票一张。

（5）销售给 W 公司 M 产品 500 件，每件售价 500 元，N 产品 800 件，每件售价 600 元，共计价款 730 000 元，增值税 94 900 元，商品已经发出，款项尚未收到。

（6）接银行收款通知，预收 V 公司购买 M 产品定金 60 000 元。

（7）销售给 S 公司 M 产品 200 件，每件售价 500 元，价款 100 000 元，增值税 13 000 元；销售 N 产品 300 件，每件售价 600 元，价款 180 000 元，增值税 23 400 元，价税款通过银行收讫。

（8）向 V 公司发运 M 产品 400 件，每件售价 500 元，价款 200 000 元，增值税 26 000 元，已预收该公司定金 60 000 元。同时，余款通过银行转账收讫。

（9）销售不需用的原材料一批，价款 90 000 元，增值税 11 700 元，价税款通过银行收讫。

（10）计算并结转本月已销售产品的生产成本。已知：M 产品单位生产成本为 350 元，N 产品单位生产成本为 400 元。（提示：先统计两种产品的销售数量，再计算两种产品的销售成本）

（11）本月销售原材料的成本为 100 000 元，月末结转其销售成本。

要求：根据以上业务编写会计分录。

03

任务五　财务成果业务

任务导言

财务成果是企业在一定期间经营活动的最终结果，表现为盈利或亏损。财务成果业务包括利润形成和利润分配两个方面。

利润的形成是通过"本年利润"账户实现的。该账户贷方登记转入的各项收入，借方登记转入的各项费用。需要注意的是：初学者在将收入和费用结转本年利润时，常常把借、贷方向写颠倒。如何判断收入和费用结转本年利润的会计分录是否正确？其实很简单：看结转本年利润之后，收入账户和费用账户是否结平。结平了，说明结转的分录正确；没结平，说明结转的分录错误。收入类账户在结转之前为贷方余额，结转本年利润时，只能借记收入类账户；费用类账户在结转之前为借方余额，结转本年利润时，只能贷记费用类账户。

利润分配就是企业对实现的净利润进行分配。利润分配的内容主要有两个方面：一是提取盈余公积，二是向股东分配利润（分红）。核算利润分配的账户为"利润分配"。如果企业处在盈利状态，"利润分配"账户贷方登记从"本年利润"账户转入的可供分配的利润额，借方登记已经分配的利润额，期末余额在贷方，表示尚未分配的利润；如果企业处在亏损状态，"利润分配"账户借方登记从"本年利润"账户转入的需要弥补的亏损额，贷方登记已经弥补的亏损额，期末余额在借方，表示尚未弥补的亏损额。

任务内容

一、财务成果的计算

（一）营业利润

营业利润是指企业在销售商品、提供劳务等日常活动中所产生的利润，是企业最基本的经营活动成果，也是企业利润的主要来源。营业利润的计算公式如下：

营业利润=营业收入-营业成本-税金及附加-销售费用-管理费用-财务费用-资产减值损失+投资收益（-投资损失）+公允价值变动收益（-公允价值变动损失）+资产处置收益（-资产处置损失）

营业收入是指企业经营业务所实现的收入总额，包括主营业务收入和其他业务收入。

营业成本是指企业经营业务所发生的成本总额，包括主营业务成本和其他业务成本。

（二）利润总额

利润总额又称税前利润，是指企业在一定时期内通过生产经营活动所实现的最终财务成果。利润总额的计算公式如下：

利润总额=营业利润+营业外收入-营业外支出

（三）净利润

净利润又称税后利润，是指企业当期利润总额减去所得税费用后的金额。净利润的计算公式为：

净利润=利润总额-所得税费用

二、财务成果业务涉及的主要会计科目

（一）"营业外收入"科目

损益类收入科目，核算企业发生的与其日常活动无直接关系的各项收入，主要包括非流动资产毁损报废收益、与企业日常活动无关的政府补助、盘盈利得、捐赠利得等。"营业外收入"账户贷方登记营业外收入增加额，借方登记营业外收入减少额（转出额），期末结转"本年利润"后无余额。本科目应按营业外收入的项目设置明细科目。

（二）"营业外支出"科目

损益类费用科目，核算企业发生的与其日常活动无直接关系的各项损失，主要包括非流动资产毁损报废损失、捐赠支出、盘亏损失、非常损失、罚款支出等。"营业外支出"账户借方登记营业外支出增加额，贷方登记营业外支出减少额（转出额），期末结转"本年利润"后无余额。本科目应按营业外支出的项目设置明细科目。

（三）"本年利润"科目

所有者权益类科目，核算企业本年度实现的净利润（或发生的亏损）。"本年利润"账户贷方登记转入的各项收入，借方登记转入的各项费用，期末余额如在贷方，表示当年实现的利润额，期末余额如在借方，表示当年发生的亏损额。

（四）"所得税费用"科目

损益类费用科目，核算企业确认的应从当期利润总额中扣除的所得税费用。"所得税费用"账户借方登记所得税费用增加额，贷方登记所得税费用减少额（转出额），期末结转"本年利润"后无余额。

03

（五）"利润分配"科目

所有者权益类科目，核算企业利润的分配（或亏损的弥补）和历年分配（或弥补）后的余额。本科目应设置"提取法定盈余公积""提取任意盈余公积""提取现金股利""未分配利润"等明细科目。"利润分配"账户的结构可以分为两种情况。

当企业处在盈利时，该账户贷方登记从"本年利润"账户转入的可供分配的利润额；借方登记已经分配的利润额；期末余额在贷方，表示尚未分配的利润。

当企业处在亏损时，该账户借方登记从"本年利润"账户转入的需要弥补的亏损额；贷方登记已经弥补的亏损额；期末余额在借方，表示尚未弥补的亏损额。

（六）"盈余公积"科目

所有者权益类科目，核算企业从净利润中提取的盈余公积，一般设置"法定盈余公积"和"任意盈余公积"两个明细科目。"盈余公积"账户贷方登记盈余公积增加额（提取额），借方登记盈余公积减少额，期末余额在贷方，表示累计已经计提的盈余公积。

（七）"应付股利"科目

负债类科目，核算企业分配的应付现金股利或利润。"应付股利"账户贷方登记应付股利增加额，借方登记应付股利减少额，期末余额在贷方，表示尚未支付的股利。本科目应按投资者（股东）设置明细科目。

三、财务成果业务举例

（一）利润形成业务

1. 营业外收入业务

【例3-27】2023年2月21日，珠江公司收到与日常活动无关的财政补贴收入100 000元，应编写会计分录如下：

借：银行存款　　　　　　　　　　　　　　100 000

　　贷：营业外收入——政府补助收入　　　　　　100 000

【例3-28】2023年3月16日，因黄海公司违约，珠江公司通过银行收到黄海公司的违约金50 000元，应编写如下会计分录：

借：银行存款　　　　　　　　　　　　　　50 000

　　贷：营业外收入——罚没利得　　　　　　　　50 000

2. 营业外支出业务

【例3-29】2023年3月22日，珠江公司向中国红十字会捐赠20 000元，捐款通过网银支付，同时取得红十字会开具的捐赠收据。珠江公司应编写如下会计分录：

借：营业外支出——公益性捐赠支出　　　　　20 000

　　贷：银行存款　　　　　　　　　　　　　　20 000

【例3-30】2023年3月20日，珠江公司因未按时申报税费，被税务机关加收滞纳金365元，应编写如下会计分录：

借：营业外支出——罚款支出　　　　　　　　365

　　贷：银行存款　　　　　　　　　　　　　　365

3. 本年利润业务

【例3-31】2023年3月31日，珠江公司本月损益类账户结转前的余额如表3-1所示。

表3-1　　　　　　　　　　　　损益类账户余额表

单位：元

账户名称	借方余额	贷方余额
主营业务收入		5 600 000
其他业务收入		640 000
投资收益		105 000
营业外收入		150 000
主营业务成本	3 360 000	
其他业务成本	448 000	
税金及附加	187 200	
销售费用	250 000	
管理费用	820 000	
财务费用	98 000	
营业外支出	20 365	
合计	5 183 565	6 495 000

月末，珠江公司应编写会计分录如下。

（1）结转各收入账户：

借：主营业务收入	5 600 000
其他业务收入	640 000
投资收益	105 000
营业外收入	150 000
贷：本年利润	6 495 000

（2）结转各费用账户：

借：本年利润	5 183 565
贷：主营业务成本	3 360 000
其他业务成本	448 000
税金及附加	187 200
销售费用	250 000
管理费用	820 000
财务费用	98 000
营业外支出	20 365

4. 所得税业务

企业所得税是以企业的生产经营所得和其他所得为征税对象征收的一种税。企业在生产经营期间应按税法的规定缴纳企业所得税。企业所得税一般按年计算，分期预缴，年末汇算清缴。企业通常按季申报预缴所得税，预缴所得税一般按账面利润总额和适用的所得税税率计算申报，年终汇算清缴则应将账面利润总额按照税法的规定调整为应纳税所得额，计算全年应补或应退所得税税额。企业平时可以按季度或按月计提所得税。

【例 3-32】沿用【例 3-31】的资料，珠江公司按当月利润总额及 25% 的税率计提应交所得税。所得税计算及有关会计分录如下：

本月利润总额=6 495 000-5 183 565=1 311 435（元）

本月应交所得税税额=1 311 435×25%=327 858.75（元）

（1）计提应交所得税：

| 借：所得税费用 | 327 858.75 |
| 　　贷：应交税费——应交所得税 | 327 858.75 |

（2）结转所得税费用：

| 借：本年利润 | 327 858.75 |
| 　　贷：所得税费用 | 327 858.75 |

（二）利润分配业务

1. 年终结转全年净利润

【例 3-33】珠江公司 2023 年度净利润为 360 万元，年终结转全年净利润，应编写如下会计分录：

| 借：本年利润 | 3 600 000 |
| 　　贷：利润分配——未分配利润 | 3 600 000 |

利润分配的账务处理

2．计提盈余公积

【例3-34】珠江公司2023年度实现净利润为360万元，分别按10%、5%提取法定盈余公积和任意盈余公积。计算并提取盈余公积的会计分录如下：

应提法定盈余公积=3 600 000×10%=360 000（元）

应提任意盈余公积=3 600 000×5%=180 000（元）

借：利润分配——提取法定盈余公积　　　　　　　360 000
　　　　　　——提取任意盈余公积　　　　　　　180 000
　　贷：盈余公积——法定盈余公积　　　　　　　　　360 000
　　　　　　——任意盈余公积　　　　　　　　　　　180 000

3．计提现金股利

【例3-35】珠江公司2023年度实现净利润为360万元。经股东大会批准，按本年度净利润60%分配现金股利216万元。A、B、C、D四个股东的持股份比例分别为：37.5%、25%、25%、12.5%。分配现金股利应编写如下会计分录：

借：利润分配——提取现金股利　　　　　　　2 160 000
　　贷：应付股利——股东A　　　　　　　　　　810 000
　　　　应付股利——股东B　　　　　　　　　　540 000
　　　　应付股利——股东C　　　　　　　　　　540 000
　　　　应付股利——股东D　　　　　　　　　　270 000

4．年终结转"利润分配"有关明细账户余额

【例3-36】根据【例3-34】、【例3-35】利润分配的结果，年终结转"利润分配"账户有关明细账户余额，应编写会计分录如下：

借：利润分配——未分配利润　　　　　　　　2 700 000
　　贷：利润分配——提取法定盈余公积　　　　　360 000
　　　　　　——提取任意盈余公积　　　　　　180 000
　　　　　　——提取现金股利　　　　　　　2 160 000

任务小结

（一）营业利润是指企业在销售商品、提供劳务等日常活动中所产生的利润，是企业最基本的经营活动成果，也是企业利润的主要来源。利润总额又称税前利润，是指企业在一定时期内通过生产经营活动所实现的最终财务成果。净利润又称税后利润，是指企业当期利润总额减去所得税费用后的金额。

（二）财务成果业务核算涉及的主要会计科目有营业外收入、营业外支出、本年利润、所得税费用、利润分配、盈余公积、应付股利等。

（三）利润的形成是通过"本年利润"账户实现的。期末，应将损益类各账户的余额结转到"本年利润"账户。结转收入时，借记各收入科目，贷记"本年利润"科目；结费用时，借记"本年利润"科目，贷记各成本费用科目。

（四）利润分配就是企业对实现的净利润进行分配。利润分配的内容主要有两个方面：一是提取盈余公积，二是向股东分配利润。计提盈余公积时，借记"利润分配"科目，贷记"盈余公积"

科目。计提现金股利时，借记"利润分配"科目，贷记"应付股利"科目。

任务训练（一）

任务训练十九　练习编写财务成果业务的会计分录

资料：某公司 2023 年 12 月有关业务如下。

（1）银行存款账户收到一笔款项 80 000 元，系与日常活动无关的财政补贴收入。

（2）银行存款账户收到一笔款项 30 000 元，系违约金收入。

（3）以银行存款支付税收滞纳金 200 元。

（4）以银行存款支付公益性捐赠支出 20 000 元。

（5）本月收入类账户结转本年利润前的余额为：主营业务收入 2 200 000 元；其他业务收入 120 000 元；投资收益 30 000 元；营业外收入 110 000 元。

（6）本月费用类账户结转本年利润前的余额为：主营业务成本 1 500 000 元；其他业务成本 100 000 元；税金及附加 10 000 元；销售费用 150 000 元；管理费用 180 000 元；财务费用 20 000 元；营业外支出 20 200 元。

（7）按照本月利润总额的 25% 计提本月应交企业所得税，并将所得税费用结转"本年利润"账户。

（8）本年全年实现净利润 5 000 000 元，分别按 10%、5% 计提法定盈余公积和任意盈余公积。

（9）按本年净利润的 60% 计提应付投资者现金股利。本公司股权比例为：股东甲 50%、股东乙 30%、股东丙 20%。

（10）年终结转全年实现的净利润。

（11）年终结平"利润分配"账户所属各明细分类账户余额。

要求：根据以上业务编写会计分录。

任务训练（二）

任务训练二十　再练习编写财务成果业务的会计分录

资料：某公司 2023 年 12 月有关业务如下。

（1）银行存款账户收到与日常活动无关的财政补助收入 50 000 元。

（2）银行存款账户收到一笔捐赠收入 30 000 元。

（3）以银行存款支付一笔罚款支出 10 000 元。

（4）本月损益类账户结转前余额如表 3-2 所示。

表 3-2　　　　　　　　　　损益类账户余额表

单位：元

账户名称	借方余额	贷方余额
主营业务收入		2 000 000
其他业务收入		100 000
营业外收入		80 000
主营业务成本	1 500 000	

03

续表

账户名称	借方余额	贷方余额
其他业务成本	85 000	
税金及附加	12 000	
销售费用	50 000	
管理费用	80 000	
财务费用		1 200
营业外支出	10 000	
合计	1 737 000	2 181 200

（5）按本月利润总额及 25%的税率计算并提取本月应交所得税。

（6）结转本月所得税费用。

（7）本年全年实现净利润 3 000 000 元，按净利润的 10%计提法定盈余公积。

（8）按本年净利润的 60%计提应付投资者现金股利。本公司股权比例为：A 股东 51%、B 股东 49%。

（9）将全年实现的净利润结转利润分配。

（10）结平"利润分配"账户所属各明细分类账户的余额。

要求：根据以上业务编写会计分录。

03

项目测试

一、判断题（每小题 2 分，本题 20 分）

（1）实收资本是指企业收到投资者按照合同或协议约定投入企业，或由资本公积、盈余公积转入构成注册资本的部分。（　　　）

（2）短期借款是指借入的期限超过一年的借款。（　　　）

（3）材料采购业务最少要编写两笔会计分录才能记录完成。（　　　）

（4）同一往来单位不能同时在"应付账款"和"预付账款"科目下开设明细科目。（　　　）

（5）期末出现贷方余额的账户一定是负债类或所有者权益类账户。（　　　）

（6）生产费用由直接费用、间接费用和期间费用构成。（　　　）

（7）一笔销售业务至少要编写两笔会计分录才能记录完毕。（　　　）

（8）不设置"预收账款"科目的企业，发生的预收账款业务可以在"预付账款"科目核算。（　　　）

（9）"本年利润"账户出现借方余额，表示企业历年累计发生的亏损。（　　　）

（10）"利润分配"账户出现贷方余额，表示企业当年实现的利润额。（　　　）

二、单选题（每小题 3 分，本题 30 分）

（1）企业收到投资者出资额超出其在注册资本中所占份额的部分，核算的会计科目是（　　　）。

    A. 实收资本　　　　　B. 资本公积　　　　　C. 盈余公积　　　　　D. 投资收益

（2）企业按月计提短期借款利息，遵循的会计基础或原则是（　　　）。

    A. 收付实现制　　　　B. 权责发生制　　　　C. 可靠性　　　　　　D. 谨慎性

（3）下列不应计入材料采购成本的是（　　　）。

    A. 运杂费　　　　　　　　　　　　　　B. 运输途中的合理损耗

    C. 采购人员差旅费　　　　　　　　　　D. 入库前的挑选整理费用

（4）在不设置"预付账款"科目的情况下，发生的预付货款业务应通过"（　　　）"科目核算。

    A. 预付账款　　　　　B. 应付账款　　　　　C. 应收账款　　　　　D. 预收账款

（5）期末应该没有余额的账户是（　　　）。

    A. 生产成本　　　　　B. 应付职工薪酬　　　C. 制造费用　　　　　D. 累计折旧

（6）产品生产过程中发生的间接费用，应先通过"（　　　）"科目核算，月末再转入有关产品的成本中。

    A. 生产成本　　　　　B. 制造费用　　　　　C. 销售费用　　　　　D. 管理费用

（7）下列属于损益类科目的是（　　　）。

    A. 制造费用　　　　　B. 销售费用　　　　　C. 应收账款　　　　　D. 生产成本

（8）"应收票据"科目核算的票据是（　　　）。

    A. 支票　　　　　　　B. 银行汇票　　　　　C. 银行本票　　　　　D. 商业汇票

（9）盈余公积是指企业从（　　　）提取的公积金。

    A. 营业利润　　　　　B. 利润总额　　　　　C. 税前利润　　　　　D. 税后利润

（10）下列选项不属于利润分配内容的是（　　　）。

    A. 提取法定盈余公积　　　　　　　　　B. 提取任意盈余公积

    C. 提取应付股东利润　　　　　　　　　D. 提取职工福利费

03

三、多选题（每小题 5 分，本题 50 分）

（1）短期借款业务核算涉及的会计科目有（　　）。

    A. 银行存款　　　　B. 短期借款　　　　C. 应付利息　　　　D. 财务费用

（2）投入资本业务核算涉及的会计科目有（　　）。

    A. 固定资产　　　　B. 无形资产　　　　C. 实收资本　　　　D. 盈余公积

（3）构成材料采购成本的相关税费包括（　　）。

    A. 进口关税　　　　　　　　　　　　　B. 消费税

    C. 资源税　　　　　　　　　　　　　　D. 不能抵扣的增值税

（4）采购材料在付款在前收货在后的情况下，涉及的会计科目有（　　）。

    A. 在途物资　　　　B. 应交税费　　　　C. 原材料　　　　D. 应付账款

（5）计提固定资产折旧时，可能会涉及的会计科目有（　　）。

    A. 制造费用　　　　B. 管理费用　　　　C. 累计折旧　　　　D. 固定资产

（6）下列构成产品成本的有（　　）。

    A. 产品生产工人工资　　　　　　　　　B. 车间管理人员工资

    C. 厂部管理人员工资　　　　　　　　　D. 专设销售机构人员工资

（7）"税金及附加"科目核算的税费有（　　）。

    A. 增值税　　　　　B. 消费税　　　　　C. 城市维护建设税　　D. 教育费附加

（8）确认主营业务收入时应借记的科目可能有（　　）。

    A. 银行存款　　　　B. 应收票据　　　　C. 应收账款　　　　D. 预收账款

（9）下列选项中影响营业利润计算的因素有（　　）。

    A. 主营业务成本　　B. 税金及附加　　　C. 所得税费用　　　D. 财务费用

（10）年终结账后，"利润分配"所属明细账户不应出现余额的有（　　）。

    A. 未分配利润　　　　　　　　　　　　B. 提取法定盈余公积

    C. 提取任意盈余公积　　　　　　　　　D. 提取现金股利

03

项目四

凭证与账簿

项目内容 ↓

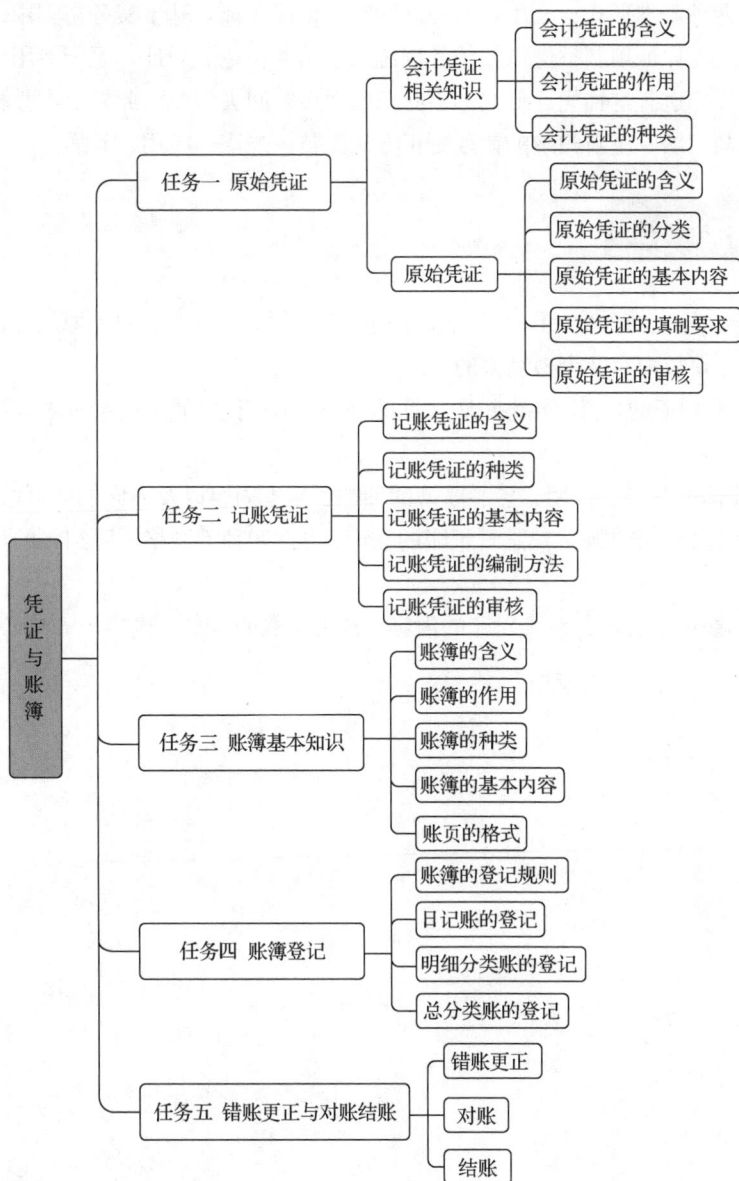

项目说明 ↓

会计凭证包括原始凭证和记账凭证。原始凭证记载经济业务发生情况，记账凭证则是由财会人员根据原始凭证填制的作为记账依据的凭证。如果记账凭证填制不正确，则会引起账簿登记、会计报表编制等都不正确的连锁反应。填制记账凭证的关键在于会计分录，只要会计分录正确，记账凭证中的其他内容即便填错了也不会导致账簿记录的数据出现错误。所以，记账凭证与账簿记录是否正确，关键并不在于记账凭证与账簿本身知识掌握得如何，而在于借贷记账法掌握得如何。所以，本项目虽然讲的是凭证与账簿知识，但任务训练仍然以编写会计分录为主。

记账凭证有两种基本形式：通用记账凭证和专用记账凭证。基于实务与实用的考虑，本教材推崇通用记账凭证，凭证填制举例以及任务训练均采用通用记账凭证。至于专用记账凭证只点到为止，学习者只需知道有这种凭证形式，不必花费太多时间去学习。此外，本教材对于错账的更正方法进行了重新归纳。重新归纳的错账更正方法完整、严谨、实用、易懂。

项目目标 ↓

（一）理解会计凭证的含义、作用和种类。理解原始凭证的含义，熟悉原始凭证的种类、基本内容、填制要求、审核内容及审核结果的处理。

（二）理解记账凭证的含义，熟悉记账凭证的种类，掌握记账凭证的基本内容和通用记账凭证的填写方法。

（三）理解账簿的含义、作用，熟悉账簿的种类、基本内容以及不同的账页格式。

（四）熟悉账簿的登记规则，熟悉日记账的登记方法、四种不同格式明细账的登记方法以及总账的登记方法。

（五）掌握错账更正方法，熟悉对账的内容，理解结账的含义、内容与方法。

04

任务一　原始凭证

任务导言

原始凭证是证明经济业务发生或完成的凭证，是会计核算的原始资料。会计核算工作是从审核原始凭证开始的。由于原始凭证种类繁多、格式复杂、手续烦琐，教学中，一般用文字来描述发生的经济业务，然后根据描述的经济业务来示范或练习编写会计分录（记账凭证）。而会计实务中，发生的经济业务只有原始凭证，没有文字说明，财会人员要根据原始凭证来识别发生了什么业务，再进行审核并做出相应的账务处理。

本任务的训练内容仍为编写会计分录，所不同的是，从本任务开始将会计分录写在简易的通用记账凭证上。为什么不做原始凭证的相关练习？主要基于以下考虑：填制原始凭证其实就是照表填空，难度不大；识别原始凭证如同认识一个人，一回生，二回熟；而审核原始凭证与填制原始凭证其实是一体的，即熟悉了原始凭证的填制，基本上也能辨别原始凭证填制的正确与否。所以说，填制、识别、审核原始凭证的技术含量不高，学习者将来在工作中自然就会了。而会计分录（借贷记账法）则不同，学习者如果在课堂上没有学会，且不说在工作中也学不会，实际上也没有上岗的机会（要通过会计初级资格考试首先得学会编写会计分录）。可以说，原始凭证的相关知识暂时还不熟练无关紧要，而不会编写会计分录则万万不可！

任务内容

一、会计凭证相关知识

（一）会计凭证的含义

会计凭证是记录经济业务发生或完成情况、明确经济责任的书面证明，是登记账簿的依据。

（二）会计凭证的作用

1. 记录经济业务，提供记账依据

经济业务的发生或完成，都必须取得和填制会计凭证。会计凭证不仅可以证明经济业务的发生或完成情况，还为会计核算提供了依据。

2. 明确经济责任，强化内部控制

会计凭证除记录经济业务外，还必须由有关部门和人员签名、盖章。经办部门和人员应对经办经济业务的真实性、正确性、合法性负责，以便分清经济责任，从而强化内部控制。

3. 监督经济活动，控制经济运行

审核会计凭证，可以监督检查各项经济业务是否合法、合规，是否符合预算管理的要求，发现企业经营管理中存在的问题，从而加强经营管理，提高经济效益。

（三）会计凭证的种类

会计凭证按其填制的程序和用途不同，分为原始凭证和记账凭证两大类。

04

二、原始凭证

（一）原始凭证的含义

原始凭证又称为单据，是在经济业务发生或完成时取得或填制的，用以记录或证明经济业务的发生或完成情况，明确经济责任的书面证明。原始凭证是进行会计核算的原始资料和重要依据。

（二）原始凭证的分类

1. 原始凭证按其来源不同分为外来原始凭证和自制原始凭证

外来原始凭证是指在经济业务发生或完成时，从其他单位或个人直接取得的原始凭证。例如购买货物或接受劳务供应时取得的各种发票、来自银行的各种收付款凭证、出差时取得的车船票和飞机票等。企业常见外来原始凭证如图 4-1 至图 4-13 所示。

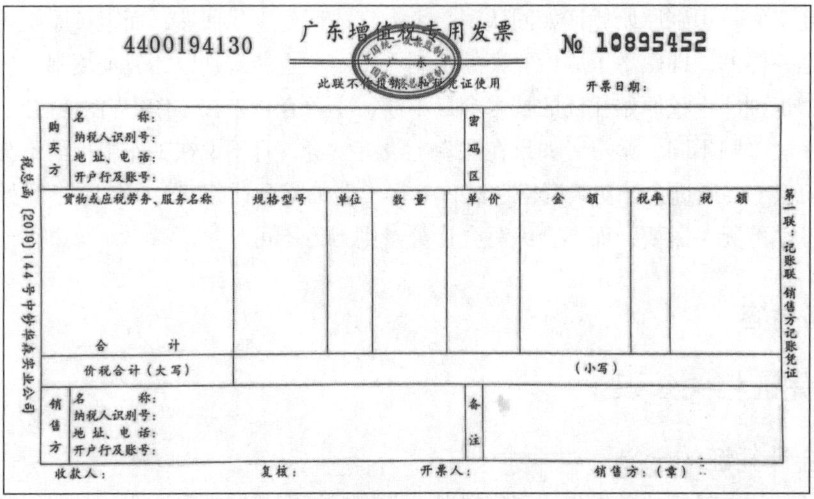

图 4-1　广东增值税专用发票（第一联）

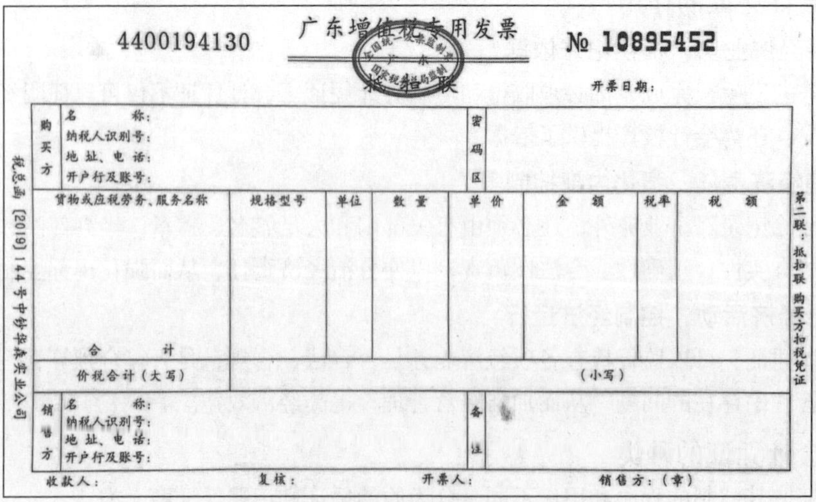

图 4-2　广东增值税专用发票（第二联）

广东增值税专用发票

4400194130 №10895452

开票日期：

税总函〔2019〕144号中华印务实业公司

购买方	名 称：					密码区					第三联：发票联 购买方记账凭证
	纳税人识别号：										
	地 址、电 话：										
	开户行及账号：										
货物或应税劳务、服务名称	规格型号	单位	数量	单价	金 额		税率	税 额			
合 计											
价税合计（大写）				（小写）							
销售方	名 称：					备注					
	纳税人识别号：										
	地 址、电 话：										
	开户行及账号：										
收款人：		复核：		开票人：			销售方：（章）				

图4-3 广东增值税专用发票（第三联）

广东增值税普通发票

044002100105 №04010727

开票日期：

专收增值专收品〔2021〕1号 广州市人民印刷厂联合有限公司

购买方	名 称：					密码区					第一联：记账联 销售方记账凭证
	纳税人识别号：										
	地 址、电 话：										
	开户行及账号：										
货物或应税劳务、服务名称	规格型号	单位	数量	单价	金 额		税率	税 额			
合 计											
价税合计（大写）				（小写）							
销售方	名 称：					备注					
	纳税人识别号：										
	地 址、电 话：										
	开户行及账号：										
收款人：		复核：		开票人：			销售方：（章）				

图4-4 广东增值税普通发票（第一联）

广东增值税普通发票

044002100105 №04010727

开票日期：

专收增值专收品〔2021〕1号 广州市人民印刷厂联合有限公司

购买方	名 称：					密码区					第二联：发票联 购买方记账凭证
	纳税人识别号：										
	地 址、电 话：										
	开户行及账号：										
货物或应税劳务、服务名称	规格型号	单位	数量	单价	金 额		税率	税 额			
合 计											
价税合计（大写）				（小写）							
销售方	名 称：					备注					
	纳税人识别号：										
	地 址、电 话：										
	开户行及账号：										
收款人：		复核：		开票人：			销售方：（章）				

图4-5 广东增值税普通发票（第二联）

04

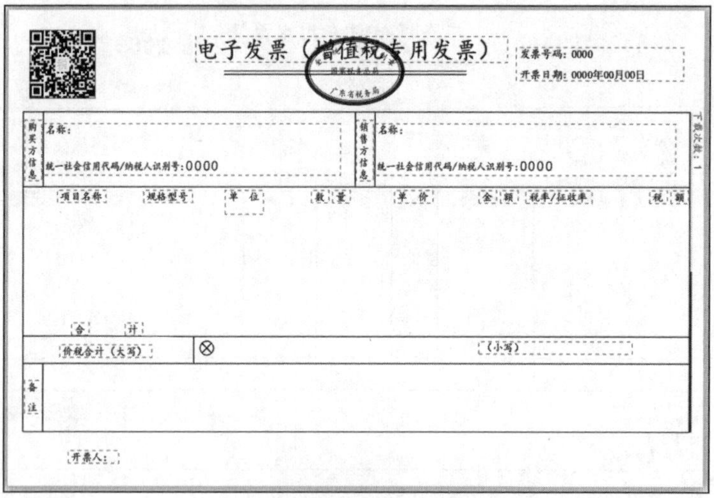

图 4-6　广东增值税电子专用发票

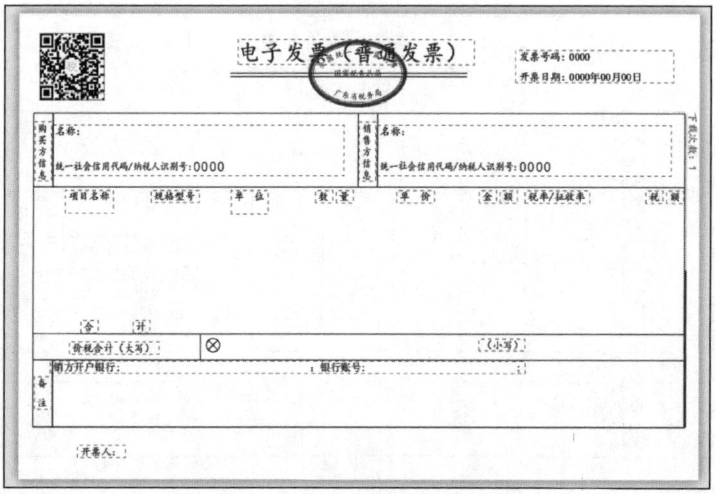

图 4-7　广东增值税电子普通发票

图 4-8　广东通用机打发票

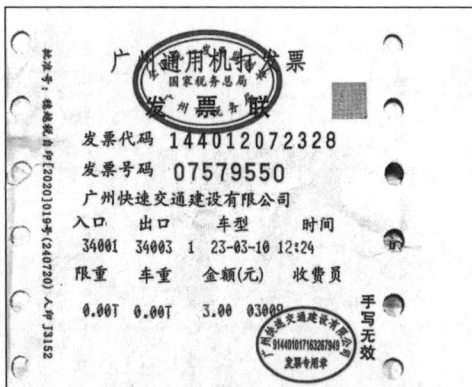

图 4-9 广州通用机打发票

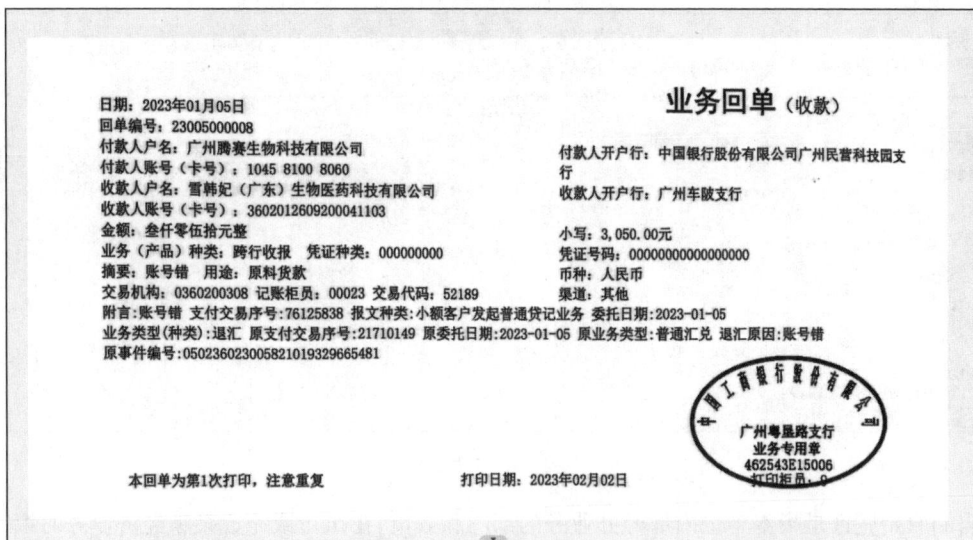

图 4-10 中国工商银行网银收款凭证

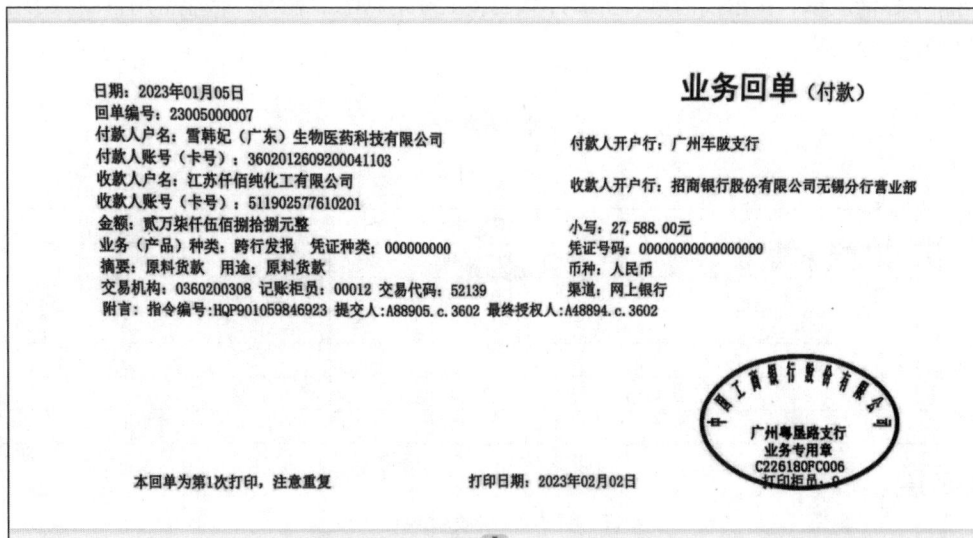

图 4-11 中国工商银行网银付款凭证

04

图 4-12　火车票

图 4-13　飞机票

自制原始凭证是指本单位内部经办业务的部门和人员，在执行或完成某项经济业务时填制的、仅供本单位内部使用的原始凭证。如验收材料时的收料单、领发材料时的领料单、产品入库单、产品出库单、借款单、费用报销单、折旧计算表、工资结算明细表等。企业常用自制原始凭证如图 4-14 至图 4-22 所示。

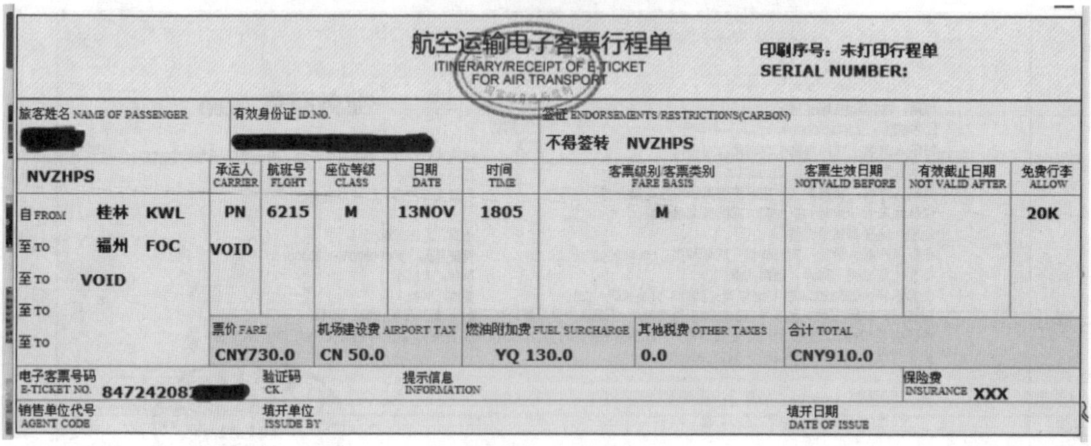

04

收料单

供应单位：								编号：	
发票号码：								材料仓库：	
材料类别	材料名称	材料规格	计量单位	数量		实际成本			
				应收	实收	单价	发票价格	运杂费	合计
合　计									
主管：			收料人：			经收人：			

图 4-14　收料单

领料单

领料单位：　　　　　　　　　　　　　　　　　　　　　编号：
用途：　　　　　　　　　　　　　　　　　　　　　　　发料仓库：

材料类别	材料名称	材料规格	计量单位	请领数量	实发数量	单位成本	金额
合　计							

领料人：　　　　　　　　　　　　发料人：　　　　　　　　　　　领料部门负责人：

图 4-15　领料单

产品入库单

年　月　日　　　　　　　　　编号：

序号	产品名称	型号或规格	单位	入库数量	生产日期	检验单号	备注

入库人：　　　　　　　　　　　审核：　　　　　　　　　　　仓库：

图 4-16　产品入库单

产品出库单

年　月　日　　　　　　　　　编号：

序号	产品名称	型号或规格	单位	数量	单价	金额	备注
合计（大写）					合计		

会计主管：　　　　　　　财务：　　　　　　　仓库：　　　　　　　提货人：

图 4-17　产品出库单

借款单

年　月　日

借款部门		借款人	
借款用途			
借款金额	（大写）人民币	（小写）¥	
领导意见		借款人签章	

财务主管：　　　　　　　会计：　　　　　　　出纳：

图 4-18　借款单

费 用 报 销 单

报销部门：　　　　　　　　　　　年　月　日　　　　　　　单据及附件共　　张

用途	金额									部门主管意见
	百	十	万	千	百	十	元	角	分	
										领导审批
合计										

（大写）人民币：　　　　　　　　　　　　　　原借款¥　　　　应退（补）差额¥

会计主管：　　　　复核：　　　　　　出纳：　　　　　　经手人：

图 4-19　费用报销单

固定资产折旧计算表

年　月　　　　　　　　　　　　　　　　　　单位：元

使用部门		固定资产折旧额					合计
		房屋建筑物	生产设备	器具工具	运输工具	电子设备	
基本生产车间	铸造车间						
	加工车间						
	装配车间						
辅助生产车间	机修车间						
	供电车间						
行政管理部门							
合计							

会计主管：　　　　记账：　　　　　　复核：　　　　　　制表：

图 4-20　固定资产折旧计算表

发料凭证汇总表

年　月　　　　　　　　　　　　　　　　　　单位：元

领料单位	材料用途	材料类别					合计
		原材料及主要材料	辅助材料	外购半成品	修理用备件	燃料	
一车间	生产成本						
	制造费用						
	小计						
二车间	生产成本						
	制造费用						
	小计						
三车间	生产成本						
	制造费用						
	小计						
合计							

会计主管：　　　　记账：　　　　　　复核：　　　　　　制表：

图 4-21　发料凭证汇总表

工资结算汇总表

年　　月

单位：元

部门		基本工资	奖金	津贴	应付工资	代扣款项			实发工资
						社会保险费	住房公积金	个人所得税	
第一车间	生产工人								
	管理人员								
第二车间	生产工人								
	管理人员								
辅助车间	机修车间								
	运输车队								
行政管理人员									
销售部门人员									
合计									

会计主管：　　　　　记账：　　　　　　　　复核：　　　　　　　　制表：

图 4-22　工资结算汇总表

2. 原始凭证按填制手续和内容不同分为一次凭证、累计凭证和汇总凭证

一次凭证是指一次填制完成、只记录一项经济业务的原始凭证。会计实务中的原始凭证大多为一次凭证。

累计凭证是指在一定时期内，多次记录发生的同类经济业务的原始凭证。会计实务中，累计凭证极其少见，如工业企业使用的限额领料单。限额领料单可以在核定的限额内多次领用材料，并多次记载领料情况。

汇总凭证是指将一定时期内反映经济业务内容相同的若干张原始凭证，按照一定标准综合汇总填制在一张凭证上的原始凭证。在会计实务中，汇总原始凭证比较常见，如"收料凭证汇总表""发料凭证汇总表""工资结算汇总表""工资分配表""发出商品汇总表""差旅费报销单"等。

3. 原始凭证按凭证格式及使用范围不同分为通用原始凭证和专用原始凭证

通用原始凭证是指由有关部门统一印制、在一定范围内使用的具有统一格式和使用方法的原始凭证。如税务部门统一制定的增值税专用发票和增值税普通发票、银行使用的各种结算凭证、航空铁路运输部门使用的机票和火车票等。通用原始凭证一般为外来原始凭证。

专用原始凭证是指由单位自行印刷、仅在本单位内部使用的原始凭证。这种凭证一般在凭证名称之前写上单位名称，如收料单、领料单、产品入库单、产品出库单、费用报销单、折旧计算表等。专用原始凭证一般为自制原始凭证。

（三）原始凭证的基本内容

经济业务的内容是多种多样的，原始凭证的名称、格式和内容也各不相同，但是，有些内容无论哪一种原始凭证都是必不可少的，这些内容称为原始凭证的基本内容，也称为原始凭证要素。原始凭证的基本内容包括以下方面。

（1）凭证的名称。

（2）填制凭证的日期和编号。

（3）接受凭证单位的名称（俗称"抬头"）。

（4）经济业务的内容，包括内容摘要、数量、单价、金额等。

04

（5）填制凭证单位的名称或填制人姓名。

（6）有关人员（部门负责人、经办人员等）签名或盖章。

（四）原始凭证的填制要求

1. 记录真实

填制在凭证上的内容必须与经济业务的实际情况一致，不得弄虚作假。

2. 内容完整

原始凭证所要填列的项目必须逐项填写齐全，不得遗漏和省略。项目填列不齐全的原始凭证，不能作为经济业务合法的证明，也不能作为记账的依据。

3. 手续完备

各种原始凭证的手续要完备，经办业务部门的人员要认真审核、签字或盖章。从其他单位取得的原始凭证，必须有填制单位的公章；从个人取得的原始凭证，必须有填制人员的签字或盖章。自制原始凭证必须有经办部门负责人或其指定人员签字或盖章。对外开出的原始凭证，必须加盖本单位的公章。

4. 书写规范

原始凭证上的文字要按规定书写，字迹要工整、清晰，易于辨认，不得使用未经国务院颁布的简化字。原始凭证的文字摘要要简练，数量、单价、金额计算要正确。原始凭证上的大小写金额必须相符且填写规范。小写金额用阿拉伯数字逐个书写，不得写连笔字。小写金额前要填写人民币符号"¥"，人民币符号"¥"与数字之间不得留有空位，以防止金额被涂改。小写金额一律填写到角分，无角分的，写"00"或符号"－"；有角无分的，分位写"0"，不得用符号"－"。大写金额用汉字壹、贰、叁、肆、伍、陆、柒、捌、玖、拾、佰、仟、万、亿、元、角、分、零和整，用正楷或行书书写。大写金额前未印有"人民币"字样的，应加写"人民币"三个字，"人民币"字样与大写金额之间不得留有空位。大写金额到元或角为止的，后面要写"整"或"正"字；有分的，不得写"整"或"正"字。

5. 编号连续

各种原始凭证应连续编号，以便核查。一式多联的原始凭证，应当注明各联的用途。作废的原始凭证应加盖"作废"戳记，连同存根一起保存，不得撕毁。

6. 填制及时

各种原始凭证必须在经济业务发生或完成时及时填写，不拖延、不积压，并按规定的程序及时送交财务部门审核。

7. 更改正确

原始凭证记载的各项内容均不得涂改。原始凭证有错误的，应由出具单位重开或者更正，更正处应加盖出具单位印章。原始凭证金额有错误的，应由出具单位重开，不得在凭证上更正。

（五）原始凭证的审核

1. 原始凭证审核的内容

为了如实反映经济业务的发生和完成情况，充分发挥会计的监督职能，保证会计信息的真实性、可靠性和正确性，对填制完毕的原始凭证应进行严格审核。只有通过审核的原始凭证，才能作为入账的依据。原始凭证审核的内容包括以下几个方面。

04

（1）真实性审核。

真实性审核包括凭证日期是否真实、业务内容是否真实、数据是否真实等。外来原始凭证，必须有填制单位公章和填制人员签章；自制原始凭证，必须有经办部门和经办人员的签名或盖章。

（2）合法性审核。

合法性审核包括原始凭证所记录的经济业务是否符合国家有关政策、法规和制度的有关规定，审批手续是否完备，原始凭证的内容和形式是否合法等。

（3）合理性审核。

审核原始凭证所记录的经济业务是否符合企业生产经营活动的需要，是否符合有关计划和预算等。

（4）完整性审核。

审核原始凭证各项基本要素是否齐全，日期是否完整，数字是否清晰，文字是否工整，签章是否齐全，联次是否正确等。

（5）正确性审核。

审核原始凭证数字的计算是否正确，大写金额与小写金额是否相符。

（6）及时性审核。

审核原始凭证的填制是否及时。

2. 原始凭证审核结果的处理

经审核的原始凭证应根据不同情况分别进行处理。

（1）对于符合要求的原始凭证，应及时据以编制记账凭证。

（2）对于真实、合法但内容不完整、填写有错误的原始凭证，应退回给有关经办人员，由其负责补充完整、更正错误或重新填制（或取得）。

（3）对于不真实、不合法的原始凭证，会计机构、会计人员有权不予接收，并向单位负责人报告。

任务小结

（一）会计凭证是记录经济业务发生或完成情况、明确经济责任的书面证明，是登记账簿的依据。会计凭证按其填制的程序和用途不同，分为原始凭证和记账凭证两大类。

（二）原始凭证又称为单据，是在经济业务发生或完成时取得或填制的，用以记录或证明经济业务的发生或完成情况，明确经济责任的书面证明。

（三）原始凭证按其来源不同，分为外来原始凭证和自制原始凭证；原始凭证按填制手续和内容不同，分为一次凭证、累计凭证和汇总凭证；原始凭证按凭证格式及使用范围不同，分为通用原始凭证和专用原始凭证。

（四）原始凭证的基本内容包括凭证的名称、填制凭证的日期和编号、接受凭证单位的名称、经济业务的内容、填制凭证单位的名称或填制人姓名、有关人员签名或盖章等。

（五）原始凭证的填制要求包括记录真实、内容完整、手续完备、书写规范、编号连续、填制及时、更改正确等。

（六）原始凭证审核的内容包括真实性审核、合法性审核、合理性审核、完整性审核、正确性审核、及时性审核等方面。

04

任务训练

任务训练二十一　练习简易通用记账凭证的填制（一）

资料：南方公司 2022 年 12 月发生有关经济业务如下。

（1）12 月 1 日，银行存款账户收到 A 公司投入的货币资金 550 000 元。

（2）12 月 2 日，通过银行转账预付天山公司购货定金 30 000 元。

（3）12 月 3 日，收到 B 公司投资入股的运输车辆两台，投资协议确认的价值为 450 000 元，相关手续已办理完毕。

（4）12 月 5 日，取得工商银行期限为 1 年、年利率为 4.75% 的贷款 600 000 元，款项已划入存款账户。

（5）12 月 5 日，以银行存款支付上月电费，增值税专用发票列示价款 30 000 元，增值税 3 900 元。

（6）12 月 6 日，以银行存款归还已到期的工商银行 1 年期贷款本金 300 000 元。

（7）12 月 6 日，购入 A 材料一批，买价 200 000 元，增值税 26 000 元，同时支付运费 1 000 元，增值税 90 元，均取得增值税专用发票，货款及运费均以银行存款付清，材料已验收入库。

（8）12 月 8 日，从东江公司购入 B 材料一批，价款 300 000 元，增值税 39 000 元。取得增值税专用发票，材料已验收入库，货款暂未支付。

（9）12 月 9 日，从西江公司购入 A 材料一批，价款 190 000 元，增值税 24 700 元，取得增值税专用发票，货款通过银行支付，材料尚未验收入库。

（10）12 月 10 日，从西江公司购入的 A 材料验收入库。

（11）12 月 10 日，通过银行发放上月职工工资 190 000 元。

（12）12 月 11 日，从北江公司购入 B 材料一批，价款 164 000 元，增值税 21 320 元，取得增值税专用发票，材料已验收入库，签发商业承兑汇票一张。

要求：根据上述业务填制简易通用记账凭证（或编写会计分录）。

04

任务二　记账凭证

任务导言

编制记账凭证的目的是登记账簿。记账凭证如果不正确，那么，据此登记的账簿记录必然也不正确；账簿记录不正确，财务报表也会不正确。可见，编制记账凭证是整个财会工作中多么重要的一个环节，而编制记账凭证的关键是确定会计分录。

记账凭证有两种基本形式：通用记账凭证和专用记账凭证。从会计实务中情况来看，绝大多数企业使用的是通用记账凭证，只有极个别的企业使用专用记账凭证。现实中的应用情况也正好诠释了两种记账凭证的优劣：通用记账凭证统一格式，统一编号，使用起来简捷、方便；而专用记账凭证复杂、烦琐，以致记账、查账、归档都不方便。因此，本任务只讲通用记账凭证的填制方法。至于专用记账凭证，学习者只需知道有这种凭证形式即可。

任务内容

一、记账凭证的含义

记账凭证是会计人员根据经审核的原始凭证或汇总原始凭证填制的，记载经济业务简要内容，确定会计分录，作为登记账簿直接依据的会计凭证。

> **问题探讨：凭证审核之后一定无误吗？**
>
> 《会计基础工作规范》第五十条："会计机构、会计人员要根据审核无误的原始凭证填制记账凭证。"第六十条："会计人员应当根据审核无误的会计凭证登记会计账簿。"因此，会计教材一般也都这样表述："根据审核无误的原始凭证……""根据审核无误的记账凭证……"等，编者以为这样表述似乎不妥。谁能保证凭证审核之后就一定无误呢？既然原始凭证、记账凭证都审核无误了，又怎么会有错账更正呢？

04

二、记账凭证的种类

（一）记账凭证按格式不同分为通用记账凭证和专用记账凭证

通用记账凭证是指对所有经济业务均采用同一格式来编制会计分录的记账凭证。通用记账凭证的格式如图 4-23 所示。

通用记账凭证与专用记账凭证

专用记账凭证是指将经济业务分成收款业务、付款业务和转账业务三类，每类业务分别采用不同格式的记账凭证，即收款凭证、付款凭证和转账凭证。

收款凭证是指用于记录库存现金和银行存款收款业务的记账凭证。收款凭证格式如图 4-24 所示。

付款凭证是指用于记录库存现金和银行存款付款业务的记账凭证。付款凭证格式如图 4-25 所示。

记账凭证

年　月　日　　　　　　　　　　　　　　　第　号

摘要	会计科目		借方金额	贷方金额
	总账科目	明细科目		
附件　张	合计			

会计主管：　　　　记账：　　　　出纳：　　　　审核：　　　　制证：

图 4-23　通用记账凭证

收款凭证

借方科目：　　　　　　　　　年　月　日　　　　　　收字　第　号

摘要	会计科目		金额
	总账科目	明细科目	
附件　张	合计		

会计主管：　　　　记账：　　　　出纳：　　　　审核：　　　　制证：

图 4-24　收款凭证

付款凭证

贷方科目：　　　　　　　　　年　月　日　　　　　　付字　第　号

摘要	会计科目		金额
	总账科目	明细科目	
附件　张	合计		

会计主管：　　　　记账：　　　　出纳：　　　　审核：　　　　制证：

图 4-25　付款凭证

转账凭证是指用于记录不涉及库存现金和银行存款业务的记账凭证。转账凭证的格式如图 4-26 所示。

转账凭证

年　月　日　　　　　　　　　　　　　　　　　转字第　号

摘　要	会计科目		借方金额	贷方金额
	总账科目	明细科目		
附件　张	合计			

会计主管：　　　　　记账：　　　　　　审核：　　　　　制证：

图 4-26　转账凭证

问题探讨：通用记账凭证好，还是专用记账凭证好？

编者在审计工作中亲身了解到的情况是：会计实务中，几乎所有的企业都使用通用记账凭证，使用专用记账凭证的非常罕见。

为什么企业普遍使用通用记账凭证呢？相比而言，通用记账凭证不管什么业务均采用统一的格式，统一编号，编制凭证、登记账簿、查找凭证、装订凭证等都很方便。而专用记账凭证就比较烦琐，至少要编成 3 个系列号（有的分成"现收""现付""银收""银付""转字" 5 个系列），同一号码凭证有 3 张（或 5 张），只好在号码前冠以"×字"来区分，即"收字第几号""付字第几号""转字第几号"。凭证编号复杂，必然导致登记账簿也麻烦，因为在账簿上既要登记凭证的号码，还要注明"×字"。此外，采用专用记账凭证必然采用汇总记账凭证账务处理程序，该程序要求总账根据汇总记账凭证来登记，汇总记账凭证又分为汇总收款凭证、汇总付款凭证和汇总转账凭证，而汇总转账凭证又需要编制很多张，这样，汇总记账凭证越多，登记总账的工作量就越大。更重要的是，采用专用记账凭证为日后的审计工作带来不便，主要就是查找凭证不方便。不仅是外来审计人员查找凭证不方便，企业内部审计人员或财会人员自己也要经常查找凭证，同样不方便。我们要查找某一号凭证，在通用记账凭证的情况下，很快就能找到；而在专用记账凭证的情况下，要找到某号凭证则需要花费更多的时间。

专用记账凭证产生于手工记账时代，据说其目的主要是方便分工记账，即凡是收款凭证和付款凭证可由出纳来登记日记账。但是，实际上采用通用记账凭证同样便于分工记账，即采用通用记账凭证也可以把涉及库存现金和银行存款收付业务的记账凭证挑选出来登记日记账，为什么一定要把记账凭证分成"收""付""转"，搞得如此复杂呢？如今会计电算化时代，就更没有必要采用专用记账凭证了。

04

（二）记账凭证按填制方式不同分为复式记账凭证和单式记账凭证

复式记账凭证是指将每一项经济业务所涉及的全部会计科目及其发生额均填写在同一张（号）凭证中的记账凭证。上述通用记账凭证和专用记账凭证均为复式记账凭证。

单式记账凭证是指每一张记账凭证只填制经济业务事项所涉及的一个会计科目及其发生额的记账凭证。采用单式记账凭证，一笔经济业务涉及几个会计科目，就要填制几张记账凭证。由于每一笔业务既有借方，也有贷方，所以，单式记账凭证又分为借项记账凭证和贷项记账凭证两种。填列借方会计科目和金额的记账凭证称为借项记账凭证，填列贷方会计科目和金额的记账凭证称为贷项记账凭证。单式记账凭证不方便使用，实务中已无人使用。

（三）记账凭证按是否汇总分为单一记账凭证和汇总记账凭证

单一记账凭证是指只记载一笔经济业务的记账凭证。上述通用记账凭证和专用记账凭证均为单一记账凭证。

汇总记账凭证是指将一定时期若干单一记账凭证汇总编制的作为登记总账依据的记账凭证。

三、记账凭证的基本内容

记账凭证不论采用何种类型或格式，必须具备以下内容：

（1）填制凭证的日期；

（2）凭证的编号；

（3）经济业务摘要；

（4）会计科目；

（5）金额；

（6）所附原始凭证的张数；

（7）相关人员的签名或盖章。

现以通用记账凭证为例，填制一张记账凭证，如图 4-27 所示。

记账凭证
2023 年 1 月 3 日   第 001 号

摘要	会计科目		借方金额	贷方金额
	总账科目	明细科目		
付张正旺预借差旅费	其他应收款	张正旺	5 000.00	
	库存现金			5 000.00
附件 1 张	合计		￥5 000.00	￥5 000.00
会计主管：黄佳	记账：颜玉	出纳：管娴	审核：张霞	制证：刘萍

图 4-27　通用记账凭证举例

四、记账凭证的编制方法

（1）凭证日期的填写。凭证日期一般应按记账凭证的填制日期填写，与经济业务发生的日期不一定一致。

（2）凭证编号的填写。记账凭证应按填制凭证时间的顺序连续编号，不得重号、漏号。如果一笔业务涉及的会计科目较多，需填制两张及以上的记账凭证，应采用分数编号法编号，如第 $5\frac{1}{2}$ 号、第 $5\frac{2}{2}$ 号表示第 5 号凭证有两张，前者为第 1 张，后者为第 2 张。

（3）摘要的填写。摘要是对经济业务的简要概括，应准确简明，让阅读者一见便知道是什么业务。如果是更正差错事项，摘要栏可写"注销某年某月某日某号凭证"或"订正某年某月某日某号凭证"等字样。

（4）会计科目的填写。记账凭证中的会计科目应按会计准则中规定的科目名称书写，不得加字、减字或写错别字，也不能只写科目编号不写科目名称。此外，应写明必要的明细科目。

（5）金额的填写。金额数字要写到分位，角位、分位没有数字要填上"0"。合计金额前应写人民币符号"¥"。金额栏的空白行可以划线注销，也可以不划线注销。一般来说，手工填写的记账凭证可在金额栏划线注销，用手随意划斜线或 S 形线即可；电子账打印出的记账凭证，则不必划线注销。划线注销的目的应当是防止作弊，但是，在没有注销空白行的凭证上作弊是很困难的，也没有必要。所以，记账凭证的空白行是否划线注销，其实并不重要。

（6）所附原始凭证张数的填写。每一号记账凭证必须注明原始凭证的张数，以便日后查对。如果根据同一原始凭证填制几张记账凭证，本号凭证没有原始凭证，则凭证的张数可以不用填写，但应在摘要栏注明该原始凭证所在的位置，如"原始凭证见某月某日第几号凭证"。此外，期末结账和更正错误的记账凭证一般没有原始凭证，附件张数可以不填写。

（7）相关人员签名或盖章的填写。记账凭证应按制证→审核→出纳→记账→会计主管的顺序传递，每一名经手人员都应在记账凭证下方相应的位置签名或盖章，以明确责任。

五、记账凭证的审核

编制记账凭证的目的是登记账簿，如果记账凭证不正确，必然导致账簿记录也不正确。所以，为了保证账簿登记的正确性，记账凭证必须经过审核才能记账。制证与审核不能是同一人员，因为自己填制的凭证自己很难发现问题。记账凭证审核的内容主要包括以下方面。

（1）内容是否真实。审核记账凭证是否附有原始凭证，所附原始凭证的内容与记账凭证的内容是否一致，附件张数是否相符。

（2）会计分录是否正确。审核会计科目名称是否正确，借、贷方向是否正确，借、贷金额是否相等。

（3）书写是否规范。审核记账凭证中记录的文字是否工整、数字是否清晰、摘要是否准确等。

（4）项目是否齐全。审核记账凭证的日期、凭证编号、摘要、附件张数以及有关人员签章等内容是否齐全。

任务小结

（一）记账凭证是会计人员根据经审核的原始凭证或汇总原始凭证填制的，记载经济业务简要内容，确定会计分录，作为登记账簿直接依据的会计凭证。

（二）记账凭证按格式不同分为通用记账凭证和专用记账凭证；记账凭证按其填制方式的不同

分为复式记账凭证和单式记账凭证；记账凭证按其是否汇总分为单一记账凭证和汇总记账凭证。

（三）记账凭证的基本内容包括填制凭证的日期、凭证的编号、经济业务摘要、会计科目、金额、所附原始凭证的张数及相关人员的签名或盖章等。

（四）记账凭证的日期应按记账凭证的填制日期填写；记账凭证的编号应按填制凭证时间的顺序连续编号；记账凭证的摘要应准确简明；记账凭证中的会计科目应按会计准则中规定的科目名称书写；记账凭证中的金额数字要写到分位，角位、分位没有数字要填上"0"；每一号记账凭证必须注明原始凭证的张数，以便日后查对；每一名经手人员都应在记账凭证下方相应的位置签名或盖章，以明确责任。

（五）记账凭证审核的内容主要包括：内容是否真实、会计分录是否正确、书写是否规范、项目是否齐全。

🖥 任务训练

任务训练二十二　练习简易通用记账凭证的填制（二）

资料：南方公司 2022 年 12 月发生的经济业务如下（续）。

（13）12 月 12 日，通过银行转账归还东江公司货款 339 000 元。

（14）12 月 13 日，通过银行转账支付已到期商业汇票票款 158 000 元。

（15）12 月 14 日，销售甲产品一批，售价 340 000 元，增值税 44 200 元，货款通过银行收讫。

（16）12 月 15 日，生产车间管理人员杨兵预借差旅费 4 000 元，以现金支付。

（17）12 月 19 日，收到天山公司发来的 A 材料及增值税专用发票，买价 150 000 元，增值税 19 500 元。（提示：已预付定金 30 000 元。）

（18）12 月 20 日，售给南沙公司甲产品一批，售价 380 000 元，增值税 49 400 元，商品已经发出并开具发票，货款暂未收到。

（19）12 月 21 日，通过银行收到已到期的应收票据款 160 000 元。

（20）12 月 21 日，以银行存款支付季度短期借款利息 4 750 元。

（21）12 月 22 日，收到南沙公司本月 20 日的销售货款 429 400 元。

（22）12 月 23 日，以银行存款支付广告费 100 000 元及增值税 6 000 元，取得增值税专用发票。

（23）12 月 24 日，售给西沙公司乙产品一批，售价 280 000 元，增值税 36 400 元。上月已预收西沙公司购货款 90 000 元。

（24）12 月 25 日，销售原材料一批，价款 90 000 元，增值税 11 700 元，货款通过银行转账收讫。

要求：根据上述业务填制简易通用记账凭证（或编写会计分录）。

任务三　账簿基本知识

任务导言

账簿的内容较多，分成三个任务来介绍。本任务介绍账簿基本知识，包括账簿的含义、作用、种类、基本内容，账页的格式。账簿基本知识均为理论性知识，也不难理解，学习者只需熟悉、理解。本任务继续练习填制简易通用记账凭证。

任务内容

一、账簿的含义

会计账簿是指由一定格式账页组成的，以经过审核的会计凭证为依据，全面、系统、连续地记录各项经济业务事项的簿籍，简称"账簿"。

二、账簿的作用

设置和登记账簿是会计核算的一个重要环节，也是会计核算的一个专门方法。设置和登记账簿具有如下重要作用。

（1）账簿是系统、全面地记录、整理、积累会计资料的工具。

会计凭证中的信息是分散的、零碎的，会计凭证中的信息只有登记录入账簿之中，通过账簿的汇总整理，才是有用的、系统的、全面的。

（2）账簿是编制财务报表的依据。

编制财务报表主要依据账簿记录的结果。没有账簿记录，财务报表则没有信息来源；账簿记录的正确与否，也决定了财务报表信息的真实与否。

（3）账簿为监督财产物资安全完整提供了依据。

对比账簿记录的账面数与实地盘点的实存数，可以检查财产物资是否妥善保管。如有账实不符，应追查原因，从而有利于加强经济责任管理。

（4）账簿是企业重要的经济档案。

账簿积累了企业一定时期的经济档案资料，是企业生产经营的重要历史资料，也是进行财务分析、财务检查的重要依据。

三、账簿的种类

（一）账簿按用途分类

账簿按其用途不同，可分为序时账簿、分类账簿和备查账簿。

1．序时账簿

序时账簿，也称日记账，是指按照经济业务发生或完成时间的先后顺序，逐日逐笔登记的账簿。序时账簿按其记录的内容不同，又可分为普通日记账和特种日记账。

普通日记账是将企业发生的全部经济业务，按其先后顺序编成会计分录记入的账簿，所以，普通日记账也叫分录簿。我国会计实务中一般不使用分录簿，会计分录通常填写在记账凭证上，一笔会计分录填写一张记账凭证。

特种日记账是专门用来序时登记某一类经济业务的账簿。例如我国会计实务中普遍设置的"库存现金日记账"和"银行存款日记账"。序时账簿通常是指特种日记账，即指"库存现金日记账"和"银行存款日记账"。

2. 分类账簿

分类账簿是指对发生的经济业务按照会计账户进行分类登记的账簿。分类账簿按其所反映经济业务内容的详细程度不同，又分为总分类账簿和明细分类账簿。

总分类账簿是按照总分类科目开设的，用于分类登记全部经济业务、提供总括核算资料的账簿，简称"总账"。

明细分类账簿是按照总分类科目所属的明细科目开设的，用于分类登记某一类经济业务、提供明细核算资料的账簿，简称"明细账"。

3. 备查账簿

备查账簿，又称辅助账簿，是指对在序时账簿和分类账簿中不予登记或登记不够详细的经济业务进行补充登记的账簿，具有备查备忘的作用。备查账簿登记的业务主要是所有权不属于本单位而暂时使用或受托代管代销资产。如租入固定资产登记簿、受托加工材料登记簿、代销商品登记簿等。

备查账簿与分类账簿相比，存在两点不同：一是备查账簿的登记一般不需记账凭证，甚至不需要一般意义上的原始凭证；二是账簿的格式和登记方法不同，备查账簿的主要栏目不记录金额，它更注重用文字来表述某项经济业务的发生情况。

问题探讨：序时账簿与明细分类账簿有区别吗？

长期以来我国会计教材将账簿按用途不同，分为序时账簿、分类账簿和备查账簿三类。编者以为，这种分类不太恰当，至少在逻辑上不严密。备查账簿与分类账簿有明显的区别，分成两类没有问题。而序时账簿与分类账簿却没有本质上的区别。序时账簿虽然要序时登记，但也是在分类的基础上序时的。例如：库存现金日记账要按现金的币种分设日记账；银行存款日记账也要按照开户银行及银行账号分设日记账，即企业在不同的银行或在同一银行开有多个存款账户时，每一个账号要设置一个银行存款日记账。而分类账簿，不论是明细分类账簿还是总分类账簿，它在分类的基础上也要序时登记，即也要按照业务发生的时间顺序进行登记。实际上，库存现金日记账、银行存款日记账与明细分类账簿没有区别，都是在分类的基础上序时登记的，因此账簿按用途不同，分为分类账簿和备查账簿两类似乎更恰当、合理。

（二）账簿按其外表形式分类

账簿按其外表形式不同，分为订本账、活页账和卡片账。

1. 订本账

订本账是在启用之前就已将账页装订在一起，并对账页进行了连续编号的账簿。订本账一般适用于总分类账、库存现金日记账、银行存款日记账。订本账能避免账页散失、防止账页被抽换。但是，订本账账页固定，不能准确为各账户预留账页，会造成账页不足，无法连续登记或账页过多造成浪费。

2. 活页账

活页账是将一定数量的账页置于活页夹内，可根据记账内容随时增加或减少账页的账簿。活页账一般适用于明细分类账。

3. 卡片账

卡片账是将一定数量的卡片式账页存放于专设的卡片箱中，可以根据需要随时增添账页的账簿。严格地说，卡片账也是一种活页账，只不过它不是装在活页夹中，而是装在卡片箱内。卡片账一般适用于固定资产的明细核算，但固定资产的明细核算并非一定要使用卡片账。所以，在会计实务中，卡片账已非常罕见。

四、账簿的基本内容

尽管账簿记录的经济业务各不相同，账簿的格式也各式各样，但有些内容是必不可少的，这些账簿必不可少的内容称为账簿的基本内容。账簿的基本内容如下。

1. 封面

封面主要用于标明账簿名称和记账单位名称。

2. 扉页

扉页上主要列示账簿启用表和账户目录。

3. 账页

账页是账簿中用来具体记录经济业务的部分，是账簿的主要内容和核心。不论采用何种格式的账页，其内容应当包括：

（1）账户名称；

（2）记账日期栏；

（3）凭证号码栏；

（4）摘要栏；

（5）金额栏；

（6）页码。

五、账页的格式

我国会计实务中使用的账页格式主要有"三栏式""数量金额式""多栏式""平行式"四种。

（一）三栏式账页

三栏式账页是指设置借方、贷方和余额三个金额栏的账页。三栏式账页适用于只提供价值核算信息，不需提供数量核算信息的账簿，如总账、日记账，以及债权、债务、资本等明细账。三栏式账页如表 4-1 所示。

表 4-1   应收账款明细账

户名：

年		凭证号码	摘要	借方	贷方	借或贷	余额
月	日						

（二）数量金额式账页

数量金额式账页是指在借方、贷方和余额三个栏目内又分设数量、单价和金额三个小栏的账页。数量金额式账页适用于既要提供价值信息，又要提供数量信息的账簿，如各种存货明细账。数量金额式账页格式如表 4-2 所示。

表 4-2　　　　　　　　　　　　　　原材料明细账

类别：　　　　　　　　　　品种：

年		凭证号码	摘要	收入（借方）			发出（贷方）			结存（余额）		
月	日			数量	单价	金额	数量	单价	金额	数量	单价	金额

（三）多栏式账页

多栏式账页是指在账页的借方或贷方按需要分设若干专栏的账簿。多栏式账页主要适用于收入、费用、成本类明细账的登记。多栏式账页又有以下三种格式。

1. 只设借方栏不设贷方栏的多栏式账页（见表 4-3）

表 4-3　　　　　　　　　　　　　　生产成本明细账

产品名称：

年		凭证号码	摘要	借方（成本项目）				合计
月	日			直接材料	直接人工	制造费用	……	

2. 只设贷方栏不设借方栏的多栏式账页（见表 4-4）

表 4-4　　　　　　　　　　　　　　主营业务收入明细账

年		凭证号码	摘要	贷方				合计
月	日			甲产品	乙产品	丙产品	……	

3. 既设借方栏又设贷方栏的多栏式账页（见表 4-5）

表 4-5　　　　　　　　　　　　　　应交税费明细账

户名：应交增值税

年		凭证号码	摘要	借方						贷方				借或贷	余额
月	日			进项税额	已交税金	减免税款	出口抵减内销产品应纳税额	销项税额抵减	转出未交增值税	销项税额	出口退税	进项税额转出	转出多交增值税		

（四）平行式账页

平行式账页又称横线登记式账页，是将前后密切相关的经济业务登记在同一行上，以便检查每笔业务的发生和完成情况的账簿。平行式账页适用于"在途物资""应收票据""应付票据"等明细账的登记。平行式账页如表4-6所示。

表4-6　　　　　　　　　　　　　　　应收票据明细账

年		凭证号码	摘要	借方金额	年		凭证号码	摘要	贷方金额
月	日				月	日			

> **注意事项：多栏式账页的栏目不够用怎么办？**
>
> 　　三栏式账页与多栏式账页可以相互转换，即一个多栏式账页可以分解成多个三栏式账页；反之，多个三栏式账页可以合并成一个多栏式账页。如表4-3的生产成本明细账可以不采用多栏式账页，改为三栏式账页，每个成本项目设置一个账页；表4-4的主营业务收入明细账也可以改为三栏式账页，每一种产品设置一个账页。明确了三栏式账页与多栏式账页之间的这种关系，我们在会计工作中就可以根据业务的实际情况，选用适当的账页格式。例如：销售费用、管理费用、制造费用等明细账，一般采用多栏式账页比较适合。但是，由于这些费用账户的费用项目往往很多，有十几个甚至几十个项目之多，账页的长度是有限的，费用项目过多，就无法采用多栏式账页，这时就只能采用三栏式账页。

任务小结

（一）会计账簿是指由一定格式账页组成的，以经过审核的会计凭证为依据，全面、系统、连续地记录各项经济业务事项的簿籍，简称"账簿"。

（二）账簿按其用途不同，分为序时账簿、分类账簿和备查账簿；账簿按其外表形式不同，分为订本账、活页账和卡片账。

（三）账簿的基本内容包括封面、扉页和账页三个部分。账页是账簿中用来具体记录经济业务的部分，是账簿的主要内容和核心。账页的内容包括账户名称、记账日期栏、凭证号码栏、摘要栏、金额栏、页码等。

（四）我国会计实务中使用的账页格式主要有三栏式、数量金额式、多栏式和平行式等。

任务训练

任务训练二十三　练习简易通用记账凭证的填制（三）

资料：南方公司2022年12月发生的经济业务如下（续）。

（25）12月26日，售给东沙公司乙产品一批，售价290 000元，增值税37 700元，收到该公司签发并承兑的商业汇票一张。

（26）12月26日，银行账户收到与日常活动无关的财政补助收入50 000元。

（27）12 月 27 日，银行账户收到违约金赔偿收入 80 000 元。

（28）12 月 28 日，以银行存款支付税务罚款 6 000 元。

（29）12 月 29 日，以银行存款支付公益性捐款 30 000 元。

（30）12 月 30 日，杨兵报销差旅费 3 900 元，交回现金 100 元。

（31）12 月 31 日，材料仓库发出原材料共计 600 000 元，其中：生产甲产品耗用 A 材料 200 000 元，B 材料 100 000 元；生产乙产品耗用 A 材料 190 000 元，B 材料 100 000 元；生产车间一般耗用 B 材料 7 500 元；厂部行政部门耗用 B 材料 2 500 元。

（32）12 月 31 日，计提本月职工工资 210 000 元，其中：生产甲产品的工人工资 100 000 元，生产乙产品的工人工资 60 000 元，车间管理人员工资 10 000 元，行政管理部门人员工资 40 000 元。

（33）12 月 31 日，按本月职工工资总额的 14% 计提职工福利费。

（34）12 月 31 日，计提本月固定资产折旧费 40 000 元，其中：生产车间固定资产折旧费 30 000 元，行政管理部门固定资产折旧费 10 000 元。

（35）12 月 31 日，计提本月电费 32 000 元，其中：生产车间应分摊电费 24 000 元，行政管理部门应分摊电费 8 000 元。

（36）12 月 31 日，经汇总，本月发生制造费用总额 76 800 元，按本月甲、乙两种产品生产工人工资的比例分配并结转。

要求：根据上述业务填制简易通用记账凭证（或编写会计分录）。

任务四　账簿登记

任务导言

账簿登记，包括账簿登记规则和各种账簿登记方法及登记结果示范。这些都不难理解，学习者读懂了就可以。在会计电算化的情况下，所有账簿登记工作，均可由软件自动完成，财会人员只需按照规定进行操作。那么，财务软件能自动完成所有业务事项记账凭证的编制吗？不能！在录入原始凭证的情况下，财务软件能够自动生成大部分记账凭证，但是，仍有不少的业务事项，软件是无法自动生成记账凭证的，必须靠财会人员操作或干预。也就是说，登记账簿（记账）工作可以全部自动化，而编制记账凭证的工作却不能全部自动化。可见，编制记账凭证的工作有多难、有多重要。

任务内容

一、账簿的登记规则

（一）记录准确完整

登记账簿时，应将会计凭证的日期、编号、业务内容摘要、金额和其他有关资料逐项记入账内，做到数字准确、摘要简明、登记及时、字迹工整。

（二）注明记账标记

账簿登记后，要在记账凭证上签名或者盖章，并在记账凭证的"过账"栏内注明账簿的页数或注明已登账的标记（√），表示已经登记入账，以免重记或漏记。

（三）书写整洁规范

账簿要保持整洁、清晰，记账的文字和数字要端正，书写要规范。账簿中书写的文字和数字上面要留有适当的空处，不要写满格，一般占格距的二分之一，便于发生错账时更正。

（四）记账笔墨符合规定

为了保持账簿记录的持久性，防止涂改，登记账簿必须使用蓝黑墨水或碳素墨水并用钢笔书写，不得使用圆珠笔或者铅笔书写。

（五）正确使用红色墨水

账簿记录中，以下几种情况可以使用红色墨水记账。

（1）按照红字冲账的记账凭证，冲销错误记录。即记账凭证上金额为红字，账簿上当然也要用红字登记该金额。

（2）在不设借贷等栏的多栏式账页中，登记减少数。（见表 4-11、表 4-12）

（3）三栏式账户的余额栏前，如未设置余额方向栏，在余额栏内登记负数余额。

（4）根据国家统一的会计制度的规定可以用红字登记的其他会计记录。

红字记账的几种情况

> **注意事项**：会计中"红字"的含义
>
> 登记账簿使用红色墨水，仅仅是指记录的金额使用红字。会计凭证与会计账簿中的红字金额用来表示负数，至于金额以外的其他记录，如日期、凭证号、摘要等则不能用红字登记。

（六）顺序连续登记

各账簿应按页次顺序连续登记，不得跳行、空页。如果不慎跳行、空页，应将空行、空页划线注销，或者注明"此行空白""此页空白"字样，并由记账人员签名或盖章。

（七）结出余额

凡需要结出余额的账户，结出余额后，应当在"借或贷"栏内注明"借"或"贷"字样，以示余额方向；对于没有余额的账户，应在"借或贷"栏内写"平"字，并在余额栏内用 0 表示。库存现金日记账和银行存款日记账必须逐日结出余额。

（八）正确续页

每一账页登记完毕结转下页时，应当结出本页合计数及余额，写在本页最后一行和下页第一行内，并在摘要栏内注明"过次页"和"承前页"字样。也可以只将本页合计数及金额写在下页第一行有关栏内，并在摘要栏内注明"承前页"字样。对需要结计本月发生额的账户，结计"过次页"的本页合计数应当为自本月初至本页末止的发生额合计数；对需要结计本年累计发生额的账户，结计"过次页"的本页合计数应当为年初起至本页末止的累计数。

注意事项：电子账簿能打印出红字吗？

上述八项记账规则是《会计基础工作规范》第六十条的规定，它主要是针对手工账提出的记账要求。在会计电算化的情况下，各种财务软件尽可能按照上述记账规则进行开发，但有些记账规则却无法遵循。例如，电算化的情况下无须注明记账标记，因为自动记账是不会出现重记或漏记这些情况的；再例如，手工记账时使用的红字，电子账上也可能显示红字，但是，打印出来的账簿一般用负数来表示红字，因为打印的账簿通常是黑白的。

二、日记账的登记

（一）库存现金日记账的登记

库存现金日记账是用来核算和监督库存现金每天的收入、支出和结存情况的账簿。库存现金日记账一般采用三栏式账页。

库存现金日记账，由出纳人员根据经审核的与现金收付有关的记账凭证，按时间顺序逐日逐笔进行登记，逐日结出余额。每日应将库存现金日记账与库存现金实存数核对，以检查每日现金收付是否有误。

库存现金日记账的格式及登记方法如表 4-7 所示。

表 4-7　　　　　　　　　　　　库存现金日记账

金额单位：元

2023 年 月	日	凭证号码	对方科目	摘要	借方	贷方	余额
2	1			月初余额			2 361.00
2	1	2	银行存款	提取备用金	20 000.00		22 361.00
2	2	5	其他应收款	预付差旅费		8 000.00	14 361.00
2	3	9	管理费用	付业务招待费		5 000.00	9 361.00

（二）银行存款日记账的登记

银行存款日记账是用来核算和监督银行存款每日的收入、支出和结余情况的账簿。银行存款日记账应按企业在银行开立的账户和币种分别设置。银行存款日记账的格式与库存现金日记账的格式相同，一般采用三栏式账页。

银行存款日记账，由出纳人员根据经审核的与银行存款收付有关的记账凭证，按时间顺序逐日逐笔登记，逐日结出余额。月份终了，应将银行存款日记账与银行对账单进行核对，如果双方余额不符，应进一步查明原因，核实银行存款实有数。银行存款的清查方法见项目五任务一。

银行存款日记账的格式及登记方法如表 4-8 所示。

表 4-8　　　　　　　　　　银行存款日记账

金额单位：元

2023 年		凭证号码	对方科目	摘要	借方	贷方	余额
月	日						
2	1			月初余额			806 980.00
2	1	2	库存现金	提取备用金		20 000.00	786 980.00
2	5	9	原材料	支付材料货款		339 000.00	447 980.00
2	8	12	主营业务收入	收销售产品货款	226 000.00		673 980.00

三、明细分类账的登记

（一）三栏式明细分类账的登记。三栏式明细分类账的格式与登记方法如表 4-9 所示。

表 4-9　　　　　　　　　　应收账款明细账

户名：北江公司　　　　　　　　　　　　　　　　　　　　金额单位：元

2023 年		凭证号码	摘要	借方	贷方	借或贷	余额
月	日						
2	1		月初余额			借	271 000.00
2	6	8	收回货款		271 000.00	平	0.00
2	20	31	销售产品	226 000.00		借	226 000.00

（二）数量金额式明细分类账的登记。数量金额式明细分类账的格式与登记方法如表 4-10 所示。

表 4-10　　　　　　　　　　原材料明细账

类别：原料及主要材料　　　　　品种：A材料　　　　　计量单位：千克　　　　　金额单位：元

2023 年		凭证号码	摘要	收入（借方）			发出（贷方）			结存（余额）		
月	日			数量	单价	金额	数量	单价	金额	数量	单价	金额
2	1		月初结存							300	50.20	15 060.00
2	3	6	购入	900	51.56	46 404.00				1 200		
2	5	10	发出				600			600		

（三）多栏式明细分类账的登记。多栏式明细分类账的格式与登记方法如表 4-11、表 4-12 所示。

表 4-11　　　　　　　　　　　生产成本明细账

产品名称：甲产品　　　　　　　　　　　　　　　　　　　　　　　　　　　　金额单位：元

| 2023 年 | | 凭证号码 | 摘要 | 借方（成本项目） | | | 合计 |
月	日			直接材料	直接人工	制造费用	
2	28	69	领用材料	569 800.00			569 800.00
2	28	70	计提工资		196 000.00		196 000.00
2	28	71	计提福利费		27 440.00		27 440.00
2	28	73	结转制造费用			142 450.00	142 450.00
2	28	76	结转完工产品成本	569 800.00	223 440.00	142 450.00	935 690.00

表 4-12　　　　　　　　　　　主营业务收入明细账

金额单位：元

| 2023 年 | | 凭证号码 | 摘要 | 贷方 | | | 合计 |
月	日			甲产品	乙产品	丙产品	
2	2	5	销售	226 000.00			226 000.00
2	15	12	销售		339 000.00		339 000.00
2	20	18	销售	169 500.00			169 500.00
2	24	35	销售			452 000.00	452 000.00
2	28	62	结转本年利润	395 500.00	339 000.00	452 000.00	1 186 500.00

（四）平行式明细分类账的登记。平行式明细分类账的格式与登记方法如表 4-13 所示。

表 4-13　　　　　　　　　　　应收票据明细账

金额单位：元

| 2023 年 | | 凭证号码 | 摘要 | 借方金额 | 2023 年 | | 凭证号码 | 摘要 | 贷方金额 |
月	日				月	日			
1	8	6	东江公司（银行承兑）	226 000.00	4	9	10	收回票款	226 000.00
2	10	11	西江公司（商业承兑）	320 000.00					
3	16	23	北江公司（银行承兑）	180 000.00					

四、总分类账的登记

总分类账简称"总账"，它是按照总分类账户分类登记以提供总括会计信息的账簿。总账一般采用三栏式账页。

总账可以直接根据记账凭证逐笔登记，也可以先编制科目汇总表，然后再据以登记总账。很显然，前者登记总账的工作量很大，后者登记总账的工作量较小。所以，记账凭证数量不多的企业适合直接根据记账凭证登记总账，记账凭证数量较多的企业适合根据科目汇总表登记总账。现以库存现金总账为例，根据科目汇总表登记的方法，说明总账的格式及其登记结果，如表 4-14 所示。

表 4-14 总账

名称：库存现金   金额单位：元

2023 年		凭证号码	摘要	借方	贷方	借或贷	余额
月	日						
1	1		期初余额			借	15 000.00
1	31	汇 1	本月汇总	23 600.00	21 800.00	借	16 800.00
2	28	汇 1	本月汇总	30 000.00	30 200.00	借	16 600.00
3	31	汇 1	本月汇总	26 000.00	28 000.00	借	14 600.00
4	30	汇 1	本月汇总	25 000.00	23 000.00	借	16 600.00
5	31	汇 1	本月汇总	30 900.00	36 800.00	借	10 700.00
6	30	汇 1	本月汇总	29 000.00	26 800.00	借	12 900.00
7	31	汇 1	本月汇总	31 600.00	29 870.00	借	14 630.00
8	31	汇 1	本月汇总	23 500.00	24 690.00	借	13 440.00
9	30	汇 1	本月汇总	29 800.00	28 700.00	借	14 540.00
10	31	汇 1	本月汇总	36 800.00	32 540.00	借	18 800.00
11	30	汇 1	本月汇总	32 000.00	38 200.00	借	12 600.00
12	31	汇 1	本月汇总	22 000.00	23 000.00	借	11 600.00
			全年合计	340 200.00	343 600.00	借	11 600.00

问题探讨："平行登记"之外还有别的登记方法吗？

日记账与各种明细账均依据记账凭证登记；总账可以根据记账凭证逐笔登记，也可以根据科目汇总表登记。由于科目汇总表是将一定时期的记账凭证进行汇总而成的，所以，总账登记的依据也是记账凭证。由于明细账与总账均分别依据记账凭证来登记，会计上把这种登记方法称为平行登记。平行登记的好处是容易发现记账错误，即期末通过将总账与所属明细账登记的结果进行核对，如果二者不相符，说明记账有误，应查找原因。

但是，总账与明细账除了平行登记外，并没有别的登记方法，即既不可能根据总账来登记明细账，也不可能根据明细账来登记总账。无论如何，谁都不可能犯"交叉登记"的错误。所以，本教材没有专门讲解总账与明细账的平行登记。

任务小结

（一）账簿的登记规则主要有：记录准确完整、注明记账标记、书写整洁规范、记账笔墨符合规定、正确使用红色墨水、顺序连续登记、结出余额、正确续页等。

（二）日记账主要包括库存现金日记账和银行存款日记账。库存现金日记账和银行存款日记账均由出纳人员根据经审核的有关记账凭证，按照时间顺序逐日逐笔进行登记，逐日结出余额。

（三）明细分类账的格式有三栏式、数量金额式、多栏式和平行式等几种。不管何格式的明细账，均应按有关记账凭证及业务发生的时间顺序进行登记。

（四）总账可以直接根据记账凭证逐笔登记，也可根据记账凭证汇总表（科目汇总表）汇总登记。

任务训练

任务训练二十四 练习简易通用记账凭证的填制（四）

资料：南方公司 2022 年 12 月发生的经济业务如下（续）。

（37）12 月 31 日，本月生产的甲、乙两种产品全部完工，结转本月完工产品成本。（提示：先用 T 形账户登记汇总甲、乙两种产品的生产成本。）

（38）12 月 31 日，经计算，本月销售甲产品成本为 432 000 元，销售乙产品成本为 342 000 元，结转本月已销产品成本。

（39）12 月 31 日，经计算本月应交增值税 77 890 元，分别计算本月应交城市维护建设税（7%）、应交教育费附加（3%）。

（40）12 月 31 日，结转本月销售材料成本 95 000 元。

（41）12 月 31 日，计提本月短期借款利息 2 375 元。

（42）12 月 31 日，经汇总，本月收入类各账户结转前余额为：主营业务收入 1 290 000 元；其他业务收入 90 000 元；营业外收入 130 000 元。结转本年利润。

（43）12 月 31 日，经汇总，本月费用类各账户结转前余额为：主营业务成本 774 000 元；其他业务成本 95 000 元；销售费用 100 000 元；管理费用 66 100 元；财务费用 2 375 元；税金及附加 9 346.80 元；营业外支出 36 000 元。结转本年利润。

（44）12 月 31 日，根据本月利润总额，按照 25%的税率计算本月应交企业所得税。

（45）12 月 31 日，将本月所得税费用结转到"本年利润"账户。

（46）12 月 31 日，假设本年度全年实现净利润为 3 800 000 元，按 10%提取法定盈余公积。

（47）12 月 31 日，按本年净利润的 60%计提应付股东利润。股东 A 占公司股权比例为 55%，股东 B 占公司股权比例为 45%。

（48）12 月 31 日，结平"利润分配"有关明细账户的余额。

要求：根据上述业务填制简易通用记账凭证（或编写会计分录）。

任务五　错账更正与对账结账

任务导言

长期以来，会计教材将错账更正方法归纳为三种：划线更正法、红字更正法、补充登记法。但是，这三种方法并没有包含所有的错账更正方法。这里不妨打个比方：一栋房子完工之后，发现房子没有按照图纸施工或者不符合设计要求，如何进行补救呢？加建一部分（补充登记法）不适用；拆除一部分（红字更正法之一）也不适用；整体拆除重建（红字更正法之二）可以。但是，除此之外还有一个更好的补救措施，那就是局部改造（调整）。即如果房子主体结构没有问题，只是局部不符合要求，进行局部改造就可以了，没有必要全部拆除重建。账做错了与房子建错了的道理是一样的，绝大多数错账是可以通过局部调整进行更正的，那么，局部调整更正错账的方法属于三种方法中的哪一种呢？哪一种都不是。传统会计教材往往只教学生笨拙的那一种错账更正方法（即冲销重做），而更为简捷、实用的更正方法却不提及。本教材没有沿用传统的说法，对错账更正方法做了重新归纳，也是归纳为三种，分别是：划线更正法、调整更正法、冲销重做法。新的三种方法完整、严谨、实用、易懂。

任务内容

错账更正方法

一、错账更正

财会工作中，由于各种原因，难免出现记账错误。对于错账，可根据具体情况采用下列方法更正。

（一）划线更正法

划线更正法是划红线注销原有错误记录，然后在错误记录的上方写上正确记录的方法。划线更正法适用于记账凭证没有错误，只是在账簿上登记时出现文字、数字或记账方向等错误的更正，即过账错误的更正。值得注意的是，过账错误只会在手工记账的情况下发生，在电算化记账的情况下则不会发生。使用划线更正法应注意以下两点。

（1）文字错误可只划掉错误的文字，数字错误则需划掉整个数字，不能只划掉其中的一个或几个写错的数字。

（2）被划掉的文字或数字仍应清晰可辨。

（二）调整更正法

调整更正法，也称为直接调整法，是指在发现记账凭证填错并已入账的情况下，重新填制一张记账凭证以纠正该错误记录的一种方法。其特点是只做一笔会计分录直接更正错误记录，这笔会计分录的金额不限于蓝字或红字。调整更正法的适用范围比较广泛，它适用于错误记账凭证所确定的会计分录出现部分错误（借方科目用错、贷方科目用错、借贷方科目颠倒等）的更正。具体地说，适合采用调整更正法的有以下几种情况。

（1）错误记账凭证所涉及的会计科目有一个用错但金额无误。

【例 4-1】以银行存款支付业务招待费 3 000 元，在填制记账凭证时，误记作以现金支付，并已登记入账。原记录为：

借：管理费用——业务招待费　　　　　　　　　　　　3 000
　　　贷：库存现金　　　　　　　　　　　　　　　　　　　3 000

这笔错账的借方科目及金额并无错误，只是贷方科目用错。这时只需更正错误的贷方科目，其调整分录为：

借：库存现金　　　　　　　　　　　　　　　　　　3 000
　　　贷：银行存款　　　　　　　　　　　　　　　　　　　3 000

【例4-2】以现金支付生产车间办公费860元，在填制记账凭证时，误记作行政管理部门的办公费，并已登记入账。原记录为：

借：管理费用——办公费　　　　　　　　　　　　　　860
　　　贷：库存现金　　　　　　　　　　　　　　　　　　　860

这笔错账的贷方科目及金额并无错误，只是借方科目用错。这时只需更正错误的借方科目，其调整分录为：

借：制造费用——办公费　　　　　　　　　　　　　　860
　　　贷：管理费用——办公费　　　　　　　　　　　　　860

（2）错误记账凭证所涉及的会计科目无误，但所记金额小于应记金额。

【例4-3】以银行存款支付广告费20 000元，在填制记账凭证时误记作2 000元并已登记入账。其错误记录为：

借：销售费用——广告费　　　　　　　　　　　　　2 000
　　　贷：银行存款　　　　　　　　　　　　　　　　　　2 000

此例借、贷方科目并没有错误，只是所记金额小于应记金额。这时只需补记少记的金额，其调整分录为：

借：销售费用——广告费　　　　　　　　　　　　18 000
　　　贷：银行存款　　　　　　　　　　　　　　　　　18 000

（3）错误记账凭证所涉及的会计科目无误，但所记金额大于应记金额。

【例4-4】以库存现金支付采购员张军预借差旅费5 000元，填制记账凭证时误记作50 000元并已登记入账。其错误记录为：

借：其他应收款——张军　　　　　　　　　　　　50 000
　　　贷：库存现金　　　　　　　　　　　　　　　　　50 000

此例借、贷方科目无错误，只是所记金额大于应记金额。这时只需冲销多记的金额，其调整分录为：

借：其他应收款——张军　　　　　　　　45 000（红字）
　　　贷：库存现金　　　　　　　　　　　　45 000（红字）

或者：

借：库存现金　　　　　　　　　　　　　　　　　45 000
　　　贷：其他应收款——张军　　　　　　　　　　　　45 000

（4）错误凭证所涉及的会计科目、金额无误，但借贷方向颠倒了。

【例4-5】收到银行短期借款100 000元，填制记账凭证时误记反了方向且已登记入账。其错误记录为：

借：短期借款   100 000
  贷：银行存款   100 000

此例可做如下直接调整：

借：银行存款   200 000
  贷：短期借款   200 000

（三）冲销重做法

冲销重做法，是先用红字填制一张与原来错误凭证完全相同的记账凭证，以冲销该错误记录，再填制一张正确记账凭证的更正方法。其特点是采用两笔会计分录（记账凭证）更正错误记录，一笔分录冲销原错误记录，另一笔分录重新记录。需要注意的是，冲销分录不一定要用红字，但红字冲销比蓝字冲销要好，它避免了被更正账户发生额虚增的现象。

值得注意的是，上述【例4-1】【例4-2】【例4-3】【例4-4】【例4-5】的错误都可以用冲销重做法进行更正，只是要填制两张记账凭证加以更正，不如调整更正法简捷。所以，上述【例4-1】【例4-2】【例4-3】【例4-4】【例4-5】的错账，都有两种不同的更正方法，可供会计工作者选用。但是有的错账只能采用冲销重做法，而不能采用调整更正法。此种错账一般为记账凭证所确定的借、贷方会计科目全部用错的情况。

【例4-6】以银行存款支付生产车间人员差旅费4 000元，错误的记账凭证如下并已登记入账：

借：管理费用——差旅费   4 000
  贷：库存现金   4 000

此例借、贷科目均用错，一笔分录无法完成错误更正，只能采用冲销重做的方法进行更正，更正方法如下：

借：管理费用——差旅费   4 000（红字）
  贷：库存现金   4 000（红字）
借：制造费用——差旅费   4 000
  贷：银行存款   4 000

> **注意事项**：记账凭证填错了，一定要采用调整更正法或冲销重做法更正吗？
>
> 上述调整更正法和冲销重做法只适用于记账凭证（会计分录）写错并已登记入账（即凭证审核也未发现错误）的错账更正。在会计分录写错但尚未登记入账的情况下，发现之后只需将错误记账凭证作废，重新填写一张正确的记账凭证。

04

二、对账

对账就是核对账目，是指对账簿记录进行的核对工作。《会计基础工作规范》规定：各单位应当定期对会计账簿记录的有关数字与库存实物、货币资金、有价证券、往来单位或者个人等进行相互核对，保证账证相符、账账相符、账实相符。对账工作每年至少进行一次。对账的内容包括以下几个方面。

（一）账证核对

账证核对是指核对会计账簿记录与原始凭证、记账凭证的时间、凭证字号、内容、金额是否一致，记账方向是否相符。这种核对一般在日常编制凭证和记账过程中进行，或者发现问题时有针对性地进行核对。

（二）账账核对

账账核对是指核对不同会计账簿之间的账簿记录是否相符。主要包括以下方面。

（1）总账有关账户余额核对。

总账各账户期末借方余额之和=总账各账户期末贷方余额之和

（2）总账与所属明细账（日记账）核对。

某一总账期末余额=所属明细账（日记账）期末余额之和

（3）明细账之间的核对。

财会部门财产物资明细账期末余额=财产物资保管或使用部门明细账期末余额

（三）账实核对

账实核对是指核对会计账簿记录和财产物资的实有数额是否相符。主要包括以下方面。

（1）现金日记账账面余额与库存现金余额是否相符。

（2）银行存款日记账账面余额与银行对账单的余额是否相符。

（3）各项财产物资明细账余额与财产物资实物的实有数是否相符。

（4）有关债权债务明细账与对方单位的账面记录是否相符。

三、结账

（一）结账的含义

结账是指会计期末在本期内所发生的经济业务全部登记入账的基础上，结算出每个账户的本期发生额和期末余额，并将期末余额转入下期或转入新账。

（二）结账的时间

年度结账日为每年的 12 月 31 日，半年度、季度、月度结账日分别为半年度、季度、月度的最后一天。

（三）结账的内容

（1）检查结账日以前所发生的全部经济业务是否都已登记入账。

（2）编制结账分录，包括根据权责发生制原则，调整有关账项，合理确定本期应计收入和应计费用以及将损益类账户转入"本年利润"账户。

（3）计算出各个账户的本期发生额和期末余额。

（四）结账的方法

（1）月结。月度结账时，应在该月最后一笔经济业务下面划一条通栏单红线，在红线下的摘要栏内注明"本月合计"或"本月发生额及余额"，在借方栏、贷方栏、余额栏内分别填入本月合计数和月末余额，同时注明借贷方向，然后在这一行的下面再划一条通栏单红线。

（2）季结。通常在每季度最后一个月月结的下一行，在摘要栏内注明"本季合计"或"本季发生额及余额"，同时结出借方、贷方发生总额及季末余额，然后在这一行下面划一条通栏单红线。

（3）年结。在第四季度季结的下一行，在摘要栏内注明"本年合计"或"本年发生额及余额"，同时结出借方、贷方发生总额及期末余额，然后在这一行的下面划通栏双红线，表示封账。年度终了结账时，有余额的账户，要将其余额结转下年，并在摘要栏注明"结转下年"字样；在下一会计年度新建有关账户的第一行余额栏内填写上年结转的余额，并在摘要栏注明"上年结转"字样。

> **注意事项：结账时账簿上一定要划红线吗？**
>
> 　　在结账行的上、下通栏划红线的做法只是在手工记账的情况下适用。如果是根据财务软件打印出的账簿则不必划红线。结账划红线的做法是财会工作者流传下来的经验，其目的是使结账行的数据更加醒目，并无其他作用。这一经验被写进了《会计基础工作规范》。

任务小结

（一）错账更正方法有划线更正法、调整更正法和冲销重做法三种。

（二）划线更正法，是指划红线注销原有错误记录，然后在错误记录的上方写上正确记录的方法。

（三）调整更正法，也称为直接调整法，是指在发现记账凭证填错并已入账的情况下，重新填制一张记账凭证以纠正该错误记录的一种方法。

（四）冲销重做法，是指先用红字填制一张与原来错误凭证完全相同的记账凭证，以冲销该错误记录，再填制一张正确记账凭证的更正方法。

（五）对账就是核对账目，是指对账簿记录进行的核对工作。对账的内容包括账证核对、账账核对和账实核对三个方面。

（六）结账是指会计期末在本期内所发生的经济业务全部登记入账的基础上，结算出每个账户的本期发生额和期末余额，并将期末余额转入下期或转入新账。

任务训练

任务训练二十五　练习错账更正

资料：某公司 2023 年 1 月发现有关错账业务如下。

错账业务一：1 月 6 日，开出现金支票 3 200 元，支付管理部门办公费。编制的会计分录如下并已记入账。

　　借：管理费用——办公费　　　　　　　　　　　　3 200
　　　　贷：库存现金　　　　　　　　　　　　　　　　　　3 200

错账业务二：1 月 10 日，生产车间人员李民报销差旅费 4 800 元，交回多余现金 200 元。编制如下会计分录并已登记入账。

　　借：管理费用——差旅费　　　　　　　　　　　　4 800
　　　　库存现金　　　　　　　　　　　　　　　　　　200
　　　　贷：其他应收款——李民　　　　　　　　　　　　5 000

错账业务三：1 月 12 日，收到应收票据款 76 800 元。编制的会计分录如下并已登记入账。

　　借：银行存款　　　　　　　　　　　　　　　　　67 800
　　　　贷：应收票据　　　　　　　　　　　　　　　　　67 800

04

错账业务四：1月16日，支付已到期的应付票据款234 000元。编制的会计分录如下并已登记入账。

　　借：应付票据　　　　　　　　　　　　　324 000

　　　　贷：银行存款　　　　　　　　　　　324 000

错账业务五：1月18日，从银行提取现金20 000元备用。编制的会计分录如下并已登记入账。

　　借：银行存款　　　　　　　　　　　　　20 000

　　　　贷：库存现金　　　　　　　　　　　20 000

错账业务六：1月22日，开出现金支票支付行政管理部门唐丽预借差旅费3 000元。编制的会计分录如下并已登记入账。

　　借：管理费用——差旅费　　　　　　　　3 000

　　　　贷：库存现金　　　　　　　　　　　3 000

错账业务七：1月26日，销售材料一批，售价30 000元，增值税3 900元，货款通过银行收到。编制的会计分录如下，但尚未登记入账。

　　借：银行存款　　　　　　　　　　　　　33 900

　　　　贷：主营业务收入　　　　　　　　　30 000

　　　　　　应交税费——应交增值税（销项税额）　3 900

要求：更正上述错账，凡是有两种不同更正方法的，列出两种更正方法。

04

项目测试

一、判断题（每小题 2 分，本题 20 分）

（1）会计凭证是记录经济业务发生或完成情况、明确经济责任的书面证明，是登记账簿的依据。（　　）

（2）原始凭证又称单据，是在经济业务发生或完成时取得或填制的，用以记录或证明经济业务的发生或完成情况，明确经济责任的书面证明。（　　）

（3）记账凭证是会计人员根据经审核的原始凭证或汇总原始凭证填制的，记载经济业务简要内容，确定会计分录，作为登记账簿直接依据的会计凭证。（　　）

（4）记账凭证的日期应与经济业务发生的日期一致。（　　）

（5）会计账簿是指由一定格式账页组成的，以经过审核的会计凭证为依据，全面、系统、连续地记录各项经济业务事项的簿籍，简称"账簿"。（　　）

（6）库存现金日记账和银行存款日记账属于普通日记账。（　　）

（7）登记账簿时，应将会计凭证的日期、编号、业务内容摘要、金额和其他有关资料逐项记入账内，做到数字准确、摘要简明、登记及时、字迹工整。（　　）

（8）登记账簿必须使用蓝黑墨水或碳素墨水并用钢笔书写，不得使用圆珠笔或者铅笔书写。（　　）

（9）调整更正法，也称为直接调整法，是指在发现记账凭证填错并已入账的情况下，重新填制一张记账凭证以纠正该错误记录的一种方法。（　　）

（10）冲销重做法，是先用红字填制一张与原来错误凭证完全相同的记账凭证，以冲销该错误记录，再填制一张正确记账凭证的更正方法。（　　）

二、单选题（每小题 3 分，本题 30 分）

（1）会计凭证按其填制的程序和用途不同，分为（　　）。

    A. 外来凭证和自制凭证   B. 一次凭证和累计凭证

    C. 通用凭证和专用凭证   D. 原始凭证和记账凭证

（2）下列属于外来原始凭证的是（　　）。

    A. 收料单   B. 领料单   C. 销货发票   D. 购货发票

（3）登记账簿的依据是（　　）。

    A. 原始凭证   B. 汇总原始凭证   C. 记账凭证   D. 会计分录

（4）对所有经济业务均采用同一格式来编制会计分录的记账凭证称为（　　）

    A. 通用记账凭证   B. 专用记账凭证   C. 收款凭证   D. 付款凭证

（5）将前后密切相关的经济业务登记在同一行上，以便检查每笔业务的发生和完成情况的账页，称为（　　）账簿。

    A. 三栏式   B. 多栏式   C. 数量金额式   D. 平行式

（6）下列可以采用平行式账页的明细账是（　　）。

    A. 应收账款明细账   B. 原材料明细账

    C. 生产成本明细账   D. 在途物资明细账

04

（7）下列做法中，不符合记账规则的是（　　　）。

    A. 账簿中书写的文字和数字一般占格距的 1/2

    B. 使用圆珠笔登记

    C. 登记后在记账凭证上注明记账标记

    D. 按账簿页次顺序连续登记

（8）账簿中"日期"栏登记的时间为（　　　）。

    A. 经济业务发生的日期　　　　　　　　B. 登记原始凭证的日期

    C. 登记记账凭证的日期　　　　　　　　D. 登记账簿的日期

（9）银行存款日记账与银行对账单核对属于（　　　）。

    A. 账证核对　　　　B. 账账核对　　　　C. 账实核对　　　　D. 账表核对

（10）已登记入账的记账凭证所确定的借、贷方会计科目全部用错，应采用的更正方法是（　　　）。

    A. 划线更正法　　　B. 调整更正法　　　C. 冲销重做法　　　D. 补充登记法

三、多选题（每小题 5 分，本题 50 分）

（1）购货发票属于（　　　）。

    A. 外来原始凭证　　B. 自制原始凭证　　C. 一次凭证　　　　D. 累计凭证

（2）下列属于自制原始凭证的有（　　　）。

    A. 折旧计算表　　　B. 工资结算表　　　C. 借款单　　　　　D. 差旅费报销单

（3）下列属于记账凭证基本内容的有（　　　）。

    A. 填制日期　　　　B. 凭证编号　　　　C. 内容摘要　　　　D. 会计科目

（4）记账凭证审核的内容包括（　　　）。

    A. 内容是否真实　　　　　　　　　　　B. 会计分录是否正确

    C. 书写是否规范　　　　　　　　　　　D. 项目是否齐全

（5）账簿按经济用途不同，一般分为（　　　）。

    A. 序时账簿　　　　B. 分类账簿　　　　C. 备查账簿　　　　D. 订本账簿

（6）我国会计实务中使用的账页格式有（　　　）。

    A. 三栏式　　　　　B. 四栏式　　　　　C. 多栏式　　　　　D. 数量金额式

（7）总分类账登记的依据可以是（　　　）。

    A. 原始凭证　　　　B. 汇总原始凭证　　C. 记账凭证　　　　D. 科目汇总表

（8）明细分类账登记的依据可以是（　　　）。

    A. 原始凭证　　　　B. 汇总原始凭证　　C. 记账凭证　　　　D. 科目汇总表

（9）错账更正的方法有（　　　）。

    A. 划线更正法　　　B. 调整更正法　　　C. 冲销重做法　　　D. 红字更正法

（10）已登记入账的错误记账凭证所涉及的会计科目有一个用错但金额无误，可以采用的更正方法有（　　　）。

    A. 划线更正法　　　B. 调整更正法　　　C. 冲销重做法　　　D. 补充登记法

项目五

财产清查与报表编制

项目内容 ↓

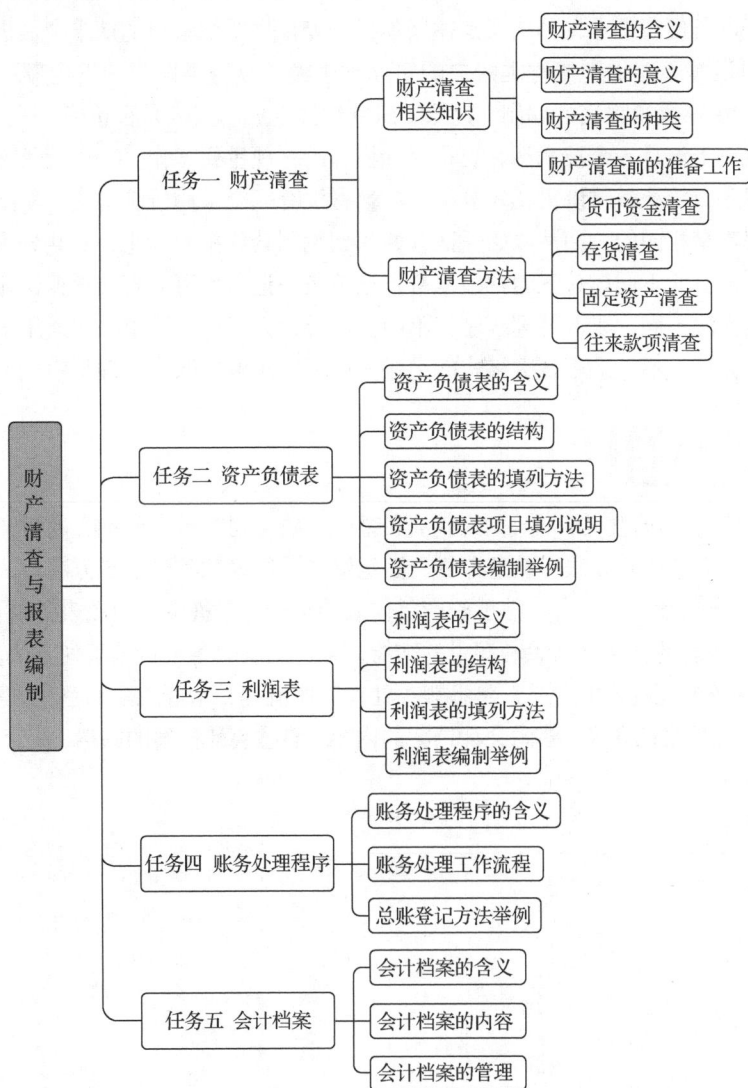

本项目包括财产清查、会计报表、账务处理程序、会计档案等内容。

财产清查主要讲各项财产的清查方法，重点是货币资金的清查方法。由于财产清查结果的处理业务不适合初学者学习，后续的财务会计课程会有讲解，故本教材没有涉及。

会计报表主要包括资产负债表、利润表和现金流量表。资产负债表和利润表的讲解以《小企业会计准则》报表为例，因为它们比较简单，适合初学者。现金流量表难度太大，财务会计课程的学习者都难以掌握，初学者就更不适合，故本教材没有涉及。编制会计报表是账务处理程序的最后一个环节，是把账簿记录的相关信息通过表格的形式表达出来，供有需要的使用者阅读、使用。虽然现在软件大部分能自动生成资产负债表和利润表，但是，很多软件生成的报表数据不完全正确。例如资产负债表最常见的错误是往来项目不能根据明细账户的期末余额进行重分类；利润表最常见的错误是不能识别损益类账户的实际发生额（损益类账户的发生额可能存在虚增现象）。财会人员如果不懂得报表的编制，就无法识别软件生成的报表是否正确。所以，将账簿信息转变为报表信息，不仅是一个技术活，也是会计核算的一项重要工作。

账务处理程序，传统教材讲得比较复杂，本教材没有完全采用传统讲法。实际上，任何单位的账务处理程序都是相同的，即从原始凭证开始，到编制会计报表为止，总共分为六个步骤，只是登记总账的依据有所不同。总账通常根据科目汇总表登记，也可以直接根据记账凭证登记。不能说总账的登记方法不同，账务处理程序就不同。此外，记账凭证可以采用通用记账凭证，也可以采用专用记账凭证，不管采用什么格式的记账凭证，它对整个账务处理程序也不产生影响。

（一）理解财产清查的含义，明确财产清查的意义，熟悉财产清查的种类及财产清查前的准备工作；掌握货币资金的清查方法；熟悉存货、固定资产、往来款项的清查方法。

（二）理解资产负债表的含义，熟悉资产负债表的结构，掌握资产负债表各项目的填列方法。

（三）理解利润表的含义，熟悉利润表的结构，掌握利润表各项目的填列方法。

（四）理解账务处理程序的含义，熟悉账务处理工作流程，掌握总账的登记方法。

（五）理解会计档案的含义，熟悉会计档案的内容，熟悉会计档案的归档、保管、查阅与复制、移交和销毁等。

05

任务一　财产清查

任务导言

财产清查是会计核算专门方法之一。本任务主要介绍财产清查的相关知识及各类财产清查的方法，重点讲解货币资金的清查。至于财产清理结果的处理，学习者在后续的财务会计课程中学习比较合适。

货币资金清查包括库存现金清查和银行存款清查。库存现金清查采用实地盘点的方法，进行账实核对，比较容易；银行存款清查的方法是与银行对账。一般情况下，银行存款月末账面余额与银行对账单月末余额不一致，需要逐笔核对，找出未达账项，然后编制银行存款余额调节表。调节之后双方余额相符，说明银行存款账面记录正确；如果调节之后的双方余额仍不相符，则需进一步查明原因，直至调节后的双方余额相符为止。

任务内容

一、财产清查相关知识

（一）财产清查的含义

财产清查是指通过对各种财产物资的实地盘点及对银行存款和债权债务的核对，以查明实存数与账存数是否相符的一种专门方法。

（二）财产清查的意义

1. 保证会计信息真实可靠

通过财产清查，可以确定各项财产物资、债权债务的实存数，并与账存数进行对比，查明账实是否相符，及时调整账簿记录，从而为编制财务报表提供真实可靠的信息来源。

2. 揭示财产物资的使用情况，促进企业改善经营管理

通过财产清查，可以查明各项财产物资的储备、保管和使用情况，了解各项财产物资占用资金的合理程度，从而加速资金周转，提高资金使用效率。

3. 保护财产物资的安全与完整

通过财产清查，可以查明各项财产物资的保管情况是否良好，有无因管理不善造成霉烂、变质、被非法挪用、贪污盗窃的情况，从而追究相关人员责任，改善管理，保障财产物资的安全完整。

（三）财产清查的种类

1. 按清查的范围分类

财产清查按照清查的范围不同，分为全面清查和局部清查。全面清查是对企业特定时点所有的财产进行全面的盘点和核对。局部清查是根据需要只对企业部分财产进行盘点和核对。

2. 按清查的时间分类

财产清查按照清查的时间不同，分为定期清查和不定期清查。定期清查指的是按照预先计划

05

安排的时间对财产物资、往来款项进行的清查。不定期清查指的是预先不确定清查时间，而是根据管理需要进行的临时性清查。

（四）财产清查前的准备工作

1. 组织准备

财产清查应专门成立清查组织，可以在主管厂长或总会计师的领导下，成立由财会部门牵头，生产、技术、设备、行政及各有关部门参加的财产清查领导小组。其主要任务有：在财产清查前制订清查计划，确定清查的对象和范围，安排清查工作的进度，配备清查人员，确定清查方法；在清查过程中，做好具体组织、检查和督促工作，及时研究和处理清查中出现的问题；在清查结束后，将清查结果和处理意见上报领导和有关部门审批。

2. 业务准备

（1）会计部门和会计人员应在财产清查之前将有关账目登记齐全，结出余额，做到账簿记录完整、计算正确、账证相符、账账相符，为财产清查提供可靠的账簿资料。

（2）财产物资的保管部门和保管人员，应在财产清查之前登记好所经管的财产物资明细账，结出余额；对所要清查的财产物资进行整理、排列，挂上标签，标明品种、规格、结存数量，以便在清查时与账簿记录核对。

（3）准备好必要的计量器具，进行检查校正，保证计量的正确性，减少误差。

（4）银行存款、银行借款、结算款项以及债权债务的清查，需要取得对账单、有关的函证材料等。

（5）准备好各种空白的清查登记表册。

二、财产清查方法

（一）货币资金清查

1. 库存现金清查

库存现金清查采用实地盘点的方法确定库存现金的实存数，然后与库存现金日记账的账面余额相核对，确定账实是否相符。

库存现金的清查主要包括两个方面：一是每日业务结束时，出纳人员将库存现金日记账的账面余额与现金的实存数进行核对；二是专门清查小组定期或不定期的清查。

库存现金盘点时，为了分清责任，清查人员和出纳人员双方必须同时在场。盘点结束后，应填写"库存现金盘点报告表"，由盘点人员和出纳人员签字或盖章。

银行存款余额调节表的编制

2. 银行存款清查

银行存款的清查采用与开户银行核对账目的方法，即将开户银行定期转来的银行对账单与本单位的银行存款日记账逐笔核对，来查明银行存款的实有金额。银行存款每月至少应清查一次，清查的时间一般在月末。会计实务中，银行存款日记账的账面余额与银行对账单的存款余额往往不一致，其原因主要有两个方面：一是存在未达账项；二是双方账目有差错。

未达账项是指企业与银行之间，一方已取得有关凭证登记入账，另一方由于未取得有关凭证尚未入账的款项。未达账项有以下四种情况：

（1）收款——银行已入账，企业尚未入账；

（2）收款——企业已入账，银行尚未入账；

（3）付款——银行已入账，企业尚未入账；

（4）付款——企业已入账，银行尚未入账。

银行存款清查的方法是：将银行存款日记账与银行对账单进行核对。具体清查方法如下。

第一步：核对双方余额。

首先查看双方的月末余额是否相符。如果双方的余额完全一致，则说明企业的银行存款日记账没有记账差错，并且账上存款余额就是月末实有存款余额。如果未发现其他问题，清查至此结束，不必逐笔核对。如果双方的月末余额不一致，则进行第二步。

第二步：找出未达账项。

银行存款日记账的余额与银行对账单的余额不一致，存在未达账项的可能性大，出现记账错误的可能性小，所以，此时应先找出未达账项。

查找未达账项的方法如下。将银行存款日记账与银行对账单逐笔进行核对，双方都有记录的账项说明是已达账项，就打"√"，作为标记。最后，双方账上凡是没有打"√"的，就是未达账项。未达账项找出来之后，则进行第三步。

第三步：编制银行存款余额调节表。

编制银行存款余额调节表的目的是，在消除未达账项的情况下，看看双方的余额是否相符。银行存款余额调节表的编制方法是：以双方账面余额为基础，各自补记未达账项，收款记增加，付款记减少（在银行存款余额调节表中，哪一方账项"未达"，则在哪方补记）；然后计算出双方调节后的余额，看看双方调节后的余额是否一致。

【例 5-1】南海公司 2023 年 4 月 30 日银行存款日记账余额为 361 000 元，银行对账单余额为 578 000 元。经核对，发现下列未达账项。

（1）4 月 29 日开出一张金额为 160 000 元的转账支票支付货款，但供货方尚未持该支票到银行转账。

（2）4 月 30 日，送存银行的某客户转账支票 140 000 元，银行尚未入账。

（3）4 月 30 日，当月电话费 3 000 元银行从公司账户中支付，但公司未接到付款通知，尚未入账。

（4）4 月 30 日，委托银行代收的款项 200 000 元，银行已转入公司的存款户，但公司尚未收到通知入账。

根据上述资料编制银行存款余额调节表，如表 5-1 所示。

表 5-1　　　　　　　　　　　　　　银行存款余额调节表　　　　　　　　　　　　单位：元

项目	金额	项目	金额
银行存款日记账余额	361 000	银行对账单余额	578 000
（3）付水电费企业未入账	-3 000	（1）支票付款银行未入账	-160 000
（4）委托收款企业未入账	+200 000	（2）支票收款银行未入账	+140 000
调节后存款余额	558 000	调节后存款余额	558 000

本例调节之后双方的余额相符，说明双方的账目没有差错，调节后的余额为月末银行存款实有余额，本次银行存款清查结束。如果调节后双方的余额仍然不相等，则需进一步查明原因，直

至调节后双方余额相符为止。

（二）存货清查

1. 存货清查方法

存货清查是指对库存商品、原材料、周转材料、在产品、产成品等的清查。存货应从数量上和质量上进行清查。存货清查的方法有实地盘点法、技术推算法及抽样盘点法。

（1）实地盘点法，是指在财产物资存放现场逐一清点数量或用计量仪器来确定实物的实存数量的一种方法。这种方法盘点出的数字准确可靠，凡是能够实地盘点的存货均应采用这种清查方法。

（2）技术推算法，是通过量方、计尺等技术方法推算存货实有数量的方法。这种方法盘点出的数字不够准确，适用于大量成堆、难以逐一清点的存货的清查，如堆放的煤炭、沙石等。

（3）抽样盘点法。对于单位价值较低，但数量多、重量比较均匀，特别是已经包装好的货物，一般不便于逐一点数，可以采用抽样的方法来检查货物的质量和数量。

2. 存货盘存制度

（1）永续盘存制。

永续盘存制又称账面盘存制，是指平时对各项货物的增加数和减少数都根据有关凭证连续记入有关账簿，并随时结出账面结存数额的盘存制度。计算公式为：

$$期末结存数=期初结存数+本期增加数-本期减少数$$

永续盘存制下的期末结存数能对库存实物起到控制作用，账实如有不符，容易发现，有利于保护存货的安全完整。除特殊情况外，企业存货应当采用永续盘存制。

（2）实地盘存制。

实地盘存制又称定期盘存制，是指期末通过实物盘点来确定库存数量，并据以推算本期发出存货成本和期末库存存货成本的一种盘存制度。在实地盘存制下，平时在账簿上只登记货物的增加数，不登记减少数，期末通过实地盘点确定结存数，然后倒挤出本期减少（发出）的数量和金额。计算公式为：

$$本期减少数（发出数）=期初结存数+本期增加数-期末结存数（盘点）$$

实地盘存制，使账实之间脱离联系，货物如有不正常损耗，不易发现，存货管理存在漏洞，也影响成本计算的准确性。实地盘存制一般适用于商业企业中交易频繁、品种多、价值低的鲜活商品。

（三）固定资产清查

固定资产清查是指对企业房屋及建筑物、机器设备、运输设备、工具器具等实施的清查。固定资产在企业的资产总额中占有很大的比重，每年至少应当清查一次。

固定资产清查通常采用实地盘点或实地查看的方法，具体方法是：将固定资产明细账上的记录情况与固定资产实物逐一核对。发现固定资产盘亏或毁损情况，要进一步查明固定资产的原值、已提折旧等；发现固定资产盘盈，要对其估价；在此基础上编制"固定资产盘盈、盘亏报告表"，报经批准后进行相应的处理。

（四）往来款项清查

往来款项清查是指对各项应收、应付、预收、预付款项的清查，一般采用与对方单位核对账目的方法。清查单位应在检查各项往来账簿记录的正确性和完整性的基础上，编制"往来

05

款项对账单"，送交对方单位核对。"往来款项对账单"一式两联，其中一联作为回单，对方单位核对后退回，盖章表示核对相符，如不相符则由对方单位另外说明。清查单位应根据清查结果编制"往来款项清查报告表"。对不符的账目应及时查明原因，并按规定的手续和方法加以处理。

任务小结

（一）财产清查是指通过对各种财产物资的实地盘点及对银行存款和债权债务的核对，以查明实存数与账存数是否相符的一种专门方法。财产清查按照清查的范围不同，分为全面清查和局部清查。财产清查按照清查的时间不同，分为定期清查和不定期清查。

（二）库存现金清查采用实地盘点的方法确定库存现金的实存数，然后与库存现金日记账的账面余额相核对，确定账实是否相符。

（三）银行存款的清查采用与开户银行核对账目的方法，即将开户银行定期转来的银行对账单与本单位的银行存款日记账逐笔核对，来查明银行存款的实有金额。

（四）银行存款日记账的账面余额与银行对账单的存款余额往往不一致。其中一个原因是存在未达账项。未达账项是指企业与银行之间，一方已取得有关凭证登记入账，另一方由于未取得有关凭证尚未入账的款项。

（五）银行存款余额调节表的编制方法是：以双方账面余额为基础，各自补记未达账项，收款记增加，付款记减少。调节后的双方余额应当一致。

（六）永续盘存制又称账面盘存制，是指平时对各项货物的增加数和减少数都根据有关凭证连续记入有关账簿，并随时结出账面结存数额的盘存制度。其计算公式为：期末结存数=期初结存数+本期增加数-本期减少数。

（七）实地盘存制又称定期盘存制，是指期末通过实物盘点来确定库存数量，并据以推算本期发出存货成本和期末库存存货成本的一种盘存制度。其计算公式为：本期减少数（发出数）=期初结存数+本期增加数-期末结存数（盘点）。

任务训练

任务训练二十六　练习编制银行存款余额调节表

资料：珠江公司6月（最后两天）银行对账单和银行存款日记账如表5-2和表5-3所示。

表5-2　　　　　　　　　　　　银行对账单

2023年		业务类型	凭证号码	对方户名	摘要	借方	贷方	余额
月	日							
6	28				当日余额			1 062 000.00
6	29	网上支付		东江公司	货款	246 400.00		815 600.00
6	29	转账支票		越秀公司	购办公用品	2 938.00		812 662.00
6	29	网上汇入		南海公司	货款		323 200.00	1 135 862.00
6	29	网上汇入		南岭公司	投资款		1 000 000.00	2 135 862.00
6	30	网上汇入		天山公司	货款		406 800.00	2 542 662.00
6	30	委托收款		远大房产公司	租金	98 100.00		2 444 562.00

续表

2023 年		业务类型	凭证号码	对方户名	摘要	借方	贷方	余额
月	日							
6	30	委托收款		远大物业公司	物业管理费	15 900.00		2 428 662.00
6	30	委托收款		中国电信公司	电费	67 800.00		2 360 862.00
6	30	网上支付		中国工商银行	利息	6 960.00		2 353 902.00
6	30	委托收款		西山公司	托收收款		183 900.00	2 537 802.00
6	30	委托收款		北山公司	托收收款		174 990.00	2 712 792.00

表 5-3　　　　　　　　　　　　银行存款日记账

2023 年		摘要	结算凭证		借方	贷方	余额
月	日		种类	号码			
6	28	当日余额					1 062 000.00
6	29	付东江公司货款	网上支付			246 400.00	815 600.00
6	29	购办公用品	转账支票			2 938.00	812 662.00
6	29	收南海公司货款	网上支付		323 200.00		1 135 862.00
6	29	收南岭公司投资款	网上支付		1 000 000.00		2 135 862.00
6	30	预付杨帆差旅费	现金支票			5 000.00	2 130 862.00
6	30	付西江公司材料款	转账支票			174 800.00	1 956 062.00
6	30	收天山公司货款	网上支付		406 800.00		2 362 862.00
6	30	付远大房产租金	委托收款			98 100.00	2 264 762.00
6	30	付远大物业物业费	委托收款			15 900.00	2 248 862.00
		本月合计			2 799 800.00	1 612 938.00	2 248 862.00

要求：根据提供的资料找出未达账项并编制银行存款余额调节表。

任务二　资产负债表

任务导言

资产负债表应根据账户的期末余额来填列。也就是说，凡是期末出现余额的账户，其余额都要填列在资产负债表中。期末出现借方余额的账户，一般来说属于资产类账户，其余额应在资产项目下列示，但也有例外，比如"坏账准备""累计折旧""累计摊销"等备抵账户期末余额在贷方，是作为资产项目的减项来填列的；期末出现贷方余额的账户，一般来说属于负债或所有者权益类账户（资产类备抵账户除外），其余额应分别在负债或所有者权益项目下列示。

任务内容

一、资产负债表的含义

资产负债表又叫财务状况表，是反映企业在某一特定日期财务状况的报表，它是一种对企业特定日期的资产、负债和所有者权益的结构性表述。资产负债表可以反映企业在某一特定日期所拥有或控制的经济资源、所承担的现时义务和所有者对净资产的要求权，帮助财务报表使用者全面了解企业的财务状况、分析企业的偿债能力等情况，从而为其做出经济决策提供依据。

二、资产负债表的结构

资产负债表是根据"资产=负债+所有者权益"这一会计等式，按照一定的分类标准，依次将某一特定日期的资产、负债、所有者权益的具体项目予以适当的排列设计而成的。

资产负债表由表首和表体两部分组成。表首部分列明报表名称、编制单位名称、报表日、报表编号及计量单位；表体部分是资产负债表的主体，列示用以说明企业财务状况的各个项目。

资产负债表的表体格式一般有两种：报告式和账户式。报告式资产负债表为上下结构，上半部分列示资产各项目，下半部分列示负债和所有者权益各项目。账户式资产负债表为左右结构，左边列示资产各项目，右边列示负债和所有者权益各项目。不管什么格式的资产负债表，资产各项目的合计一定等于负债和所有者权益各项目的合计。

我国企业的资产负债表采用账户式结构。左方列示资产项目，资产项目按资产流动性强弱排列，流动性强的排在前面，流动性弱的排在后面；右方列示负债和所有者权益项目。负债项目按负债偿还时间的长短排列，偿还时间短的排在前面，偿还时间长的排在后面。所有者权益项目按资本的永久性高低排列，永久性高者排在前面，永久性低者排在后面。

三、资产负债表的填列方法

（一）"年初余额"栏的填列

资产负债表"年初余额"栏内各项目数字，应根据上年年末资产负债表的"期末余额"栏内数字填列。如果上年度资产负债表规定的各个项目的名称和内容与本年度不一致，应按照本年度的规定对上年年末资产负债表各项目的名称和数字进行调整，填入本表"年初余额"栏内。

（二）"期末余额"栏的填列

资产负债表的"期末余额"栏主要有以下几种填列方法。

（1）根据总账账户期末余额直接填列，如"交易性金融资产""应收票据""短期借款""应付票据""应付职工薪酬""应交税费""实收资本""资本公积""盈余公积"等项目。

（2）根据若干总账账户期末余额合计填列，如"货币资金""未分配利润"等。

（3）根据明细账户期末余额计算填列。属于这一填列方法的项目主要如下。

"应收账款"项目应根据"应收账款"账户和"预收账款"账户所属明细账户期末借方余额合计填列。

"预收账款"项目应根据"应收账款"账户和"预收账款"账户所属明细账户期末贷方余额合计填列。

"应付账款"项目应根据"应付账款"账户和"预付账款"账户所属明细账户期末贷方余额合计填列。

"预付账款"项目应根据"应付账款"账户和"预付账款"账户所属明细账户期末借方余额合计填列。

"其他应收款"项目应根据"其他应收款"账户和"其他应付款"账户所属明细账户期末借方余额合计填列。

"其他应付款"项目应根据"其他应收款"账户和"其他应付款"账户所属明细账户期末贷方余额合计填列。

（4）根据总账账户和所属明细账户期末余额分析计算填列。属于这一填列方法的项目主要如下。

"长期债券投资"项目，应根据"长期债券投资"账户期末余额扣除将于1年内到期的长期债券投资后的金额填列。

"长期待摊费用"项目应根据"长期待摊费用"账户期末余额扣除将于1年内摊销的长期待摊费用后的金额填列。

"长期借款"项目应根据"长期借款"账户期末余额扣除将于1年内到期的长期借款后的金额填列。

（5）根据总账账户期末余额减去其备抵账户余额后的净额填列。属于这一填列方法的项目主要如下。

"固定资产"项目="固定资产"账户期末余额-"累计折旧"账户期末余额

"无形资产"项目="无形资产"账户期末余额-"累计摊销"账户期末余额

（6）综合运用上述填列方法填列。《小企业会计准则》未使用这一填列方法。《企业会计准则》较常运用这一填列方法，举例如下。

"应收账款"项目="应收账款"账户和"预收账款"账户所属明细账户期末借方余额之和-"坏账准备"账户余额

"存货"项目=各存货账户期末余额之和-"存货跌价准备"账户期末余额

"债权投资"项目="债权投资"总账账户期末余额-1年内到期的债权投资-"债权投资减值准备"账户期末余额

四、资产负债表项目填列说明（以《小企业会计准则》报表为例）

（1）"货币资金"项目，反映企业库存现金、银行存款、其他货币资金的合计数。本项目应根据"库存现金""银行存款""其他货币资金"账户的期末余额合计填列。

（2）"短期投资"项目，反映企业购入的能随时变现并且持有时间不准备超过1年的股票、债券和基金投资的余额。本项目应根据"短期投资"账户的期末余额填列。

（3）"应收票据"项目，反映企业收到的尚未到期的应收票据。本项目应根据"应收票据"账户的期末余额填列。

（4）"应收账款"项目，反映企业因销售商品、提供劳务等日常生产经营活动应收取的款项。本项目应根据"应收账款"和"预收账款"账户所属明细账户借方余额合计填列。

（5）"预付账款"项目，反映企业按照合同规定预付的款项。本项目应根据"预付账款"和"应付账款"账户所属明细账户期末借方余额合计填列。

（6）"应收股利"项目，反映企业应收取的现金股利或利润。本项目应根据"应收股利"账户的期末余额填列。

（7）"应收利息"项目，反映企业债券投资应收取的利息。本项目应根据"应收利息"账户的期末余额填列。

（8）"其他应收款"项目，反映企业除应收票据、应收账款、预付账款、应收股利、应收利息等以外的其他各种应收及暂付款项。本项目应根据"其他应收款"和"其他应付款"账户所属明细账户期末借方余额合计填列。

（9）"存货"项目，反映企业期末在库、在途和在加工的各项存货的成本。本项目应根据"在途物资""物资采购""原材料""库存商品""周转材料""生产成本""劳务成本""发出商品""委托加工物资""委托代销商品""材料成本差异""商品进销差价"等账户期末余额合计填列（上述账户期末余额一般为借方余额，如为贷方余额则要减去该余额）。

（10）"其他流动资产"项目，反映企业除以上流动资产项目以外的其他流动资产（含1年内到期的非流动资产）。本项目应根据"长期债券投资""长期待摊费用"等账户的期末余额分析填列。

（11）"长期债券投资"项目，反映企业准备长期持有的债券投资的本息。本项目应根据"长期债券投资"账户的期末余额分析填列。

（12）"长期股权投资"项目，反映企业准备长期持有的权益性投资的成本。本项目应根据"长期股权投资"账户的期末余额填列。

（13）"固定资产原价"和"累计折旧"项目，反映企业固定资产的原价（成本）及累计计提的折旧额。这两个项目应分别根据"固定资产"账户和"累计折旧"账户的期末余额填列。

（14）"固定资产账面价值"项目，反映企业固定资产净值。本项目应根据"固定资产原价"项目的期末余额减去"累计折旧"项目的期末余额后的金额填列。

（15）"在建工程"项目，反映企业尚未完工或虽已完工，但尚未办理竣工决算的工程成本。本项目应根据"在建工程"账户期末余额填列。

（16）"工程物资"项目，反映企业为在建工程准备的各种物资的成本。本项目应根据"工程

05

物资"账户的期末余额填列。

（17）"固定资产清理"项目，反映企业因出售、报废、毁损、对外投资等原因处置固定资产所转出的固定资产账面价值以及在清理过程中发生的费用等。本项目应根据"固定资产清理"账户的期末借方余额填列；如该账户为贷方余额，则以负数填列。

（18）"生产性生物资产"项目，反映企业生产性生物资产的账面价值。本项目应根据"生产性生物资产"账户的期末余额减去"生产性生物资产累计折旧"账户的期末余额后的金额填列。

（19）"无形资产"项目，反映企业无形资产的账面价值。本项目应根据"无形资产"账户期末余额减去"累计摊销"账户的期末余额后的金额填列。

（20）"开发支出"项目，反映企业正在进行的无形资产研究开发项目满足资本化条件的支出。本项目应根据"研发支出"账户的期末余额填列。

（21）"长期待摊费用"项目，反映企业尚未摊销完毕的长期待摊费用。本项目应根据"长期待摊费用"账户的期末余额分析填列。

（22）"其他非流动资产"项目，反映企业除以上非流动资产以外的其他非流动资产。本项目应根据有关账户的期末余额分析填列。

（23）"短期借款"项目，反映企业向银行或其他金融机构借入的期限在 1 年内的、尚未偿还的各种借款本金。本项目应根据"短期借款"账户期末余额填列。

（24）"应付票据"项目，反映企业因购买材料、商品和接受劳务等日常生产经营活动开出、承兑的商业汇票尚未到期的票面金额。本项目应根据"应付票据"账户的期末余额填列。

（25）"应付账款"项目，反映企业因购买材料、商品和接受劳务等日常生产经营活动尚未支付的款项。本项目应根据"应付账款"和"预付账款"账户所属明细账户期末贷方余额合计填列。

（26）"预收款项"项目，反映企业根据合同规定预收的款项。本项目应根据"预收账款"和"应收账款"账户所属明细账户期末贷方余额合计填列。

（27）"应付职工薪酬"项目，反映企业应付未付的职工薪酬。本项目应根据"应付职工薪酬"账户期末贷方余额填列，该账户期末如为借方余额，则以负数填列。

（28）"应交税费"项目，反映企业期末应交未交、多交或尚未抵扣的各种税费。本项目应根据"应交税费"账户期末贷方余额填列；该账户期末如为借方余额，则以负数填列。

（29）"应付利息"项目，反映企业尚未支付的借款利息。本项目应根据"应付利息"账户的期末余额填列。

（30）"应付利润"项目，反映企业尚未向投资者支付的利润。本项目应根据"应付利润"账户的期末余额填列。

（31）"其他应付款"项目，反映企业除应付票据、应付账款、预收账款、应付职工薪酬、应交税费、应付利息、应付利润等以外的其他各项应付、暂收的款项。本项目应根据"其他应付款"和"其他应收款"账户所属明细账户期末贷方余额合计填列。

（32）"其他流动负债"项目，反映企业除以上流动负债以外的其他流动负债（含 1 年内到期的非流动负债）。本项目应根据"长期借款""长期应付款"等账户的期末余额分析填列。

（33）"长期借款"项目，反映企业向银行或其他金融机构借入的期限在 1 年以上的、尚未偿还的各项借款本金。本项目应根据"长期借款"账户期末余额分析填列。

（34）"长期应付款"项目，反映企业除长期借款以外的其他各种应付未付的长期应付款项。本项目应根据"长期应付款"账户的期末余额分析填列。

05

（35）"递延收益"项目，反映企业收到的、应在以后期间计入损益的政府补助。本项目应根据"递延收益"账户的期末余额分析填列。

（36）"其他非流动负债"项目，反映企业除以上非流动负债项目以外的其他非流动负债。本项目应根据有关账户的期末余额分析填列。

（37）"实收资本（或股本）"项目，反映企业收到投资者按照合同或协议约定或相关规定投入的、构成企业注册资本的部分。本项目应根据"实收资本（或股本）"账户的期末余额填列。

（38）"资本公积"项目，反映企业收到投资者投入资本超过其在注册资本中所占份额的部分。本项目应根据"资本公积"账户的期末余额填列。

（39）"盈余公积"项目，反映企业累计提取的盈余公积，包括法定盈余公积和任意盈余公积。本项目应根据"盈余公积"账户的期末余额填列。

（40）"未分配利润"项目，反映企业尚未分配的历年结存的利润。本项目应根据"利润分配"和"本年利润"账户期末贷方余额的合计数填列，合计数如为借方余额则用负数填列。（注意：两个账户余额方向相同时，将其余额相加；余额方向不同时，将其余额相互抵减后确定其余额方向。）

五、资产负债表编制举例

【例 5-2】南江公司 2022 年 12 月末各总账账户及部分明细账户期末余额资料如表 5-4 所示。

表 5-4　　　　　　　　　　　账户余额表（2022 年 12 月 31 日）　　　　　　　　单位：元

账户名称	期末余额		备注
	借方余额	贷方余额	
库存现金	36 900		
银行存款	556 680		
短期投资	300 000		
其他货币资金	63 000		
应收票据	361 000		
应收账款	900 000		
其中：明细账户余额合计	1 200 000	300 000	
预付账款	326 000		
其中：明细账户余额合计	520 000	194 000	
其他应收款	650 000		
其中：明细账户余额合计	720 000	70 000	
在途物资	150 000		
原材料	550 000		
周转材料	120 000		
库存商品	360 000		
生产成本	295 000		
长期债券投资	600 000		有 200 000 元将于 1 年内到期
固定资产	6 510 000		

05

续表

账户名称	期末余额		备注
	借方余额	贷方余额	
累计折旧		1 675 021	
在建工程	1 000 000		
无形资产	856 800		
累计摊销		214 200	
短期借款		600 000	
应付票据		860 000	
应付账款		920 000	
其中：明细账户余额合计	360 000	1 280 000	
预收账款		1 500 000	
其中：明细账户余额合计	420 000	1 920 000	
应付职工薪酬		68 930	
应交税费		53 269	
其他应付款		890 000	
其中：明细账户余额合计	60 000	950 000	
长期借款		1 200 000	有 500 000 元将于 1 年内到期
实收资本（或股本）		4 000 000	
盈余公积		960 000	
利润分配		693 960	

根据表 5-4 资料编制的资产负债表，如表 5-5 所示（年初余额略）。

表 5-5 资产负债表

会小企 01 表

编制单位：南江公司　　　　　　　　2022 年 12 月 31 日　　　　　　　　单位：元

资产	行次	期末余额	年初余额	负债及所有者权益	行次	期末余额	年初余额
流动资产：				流动负债：			
货币资金	1	656 580.00		短期借款	31	600 000.00	
短期投资	2	300 000.00		应付票据	32	860 000.00	
应收票据	3	361 000.00		应付账款	33	1 474 000.00	
应收账款	4	1 620 000.00		预收账款	34	2 220 000.00	
预付账款	5	880 000.00		应付职工薪酬	35	68 930.00	
应收股利	6	0.00		应交税费	36	53 269.00	
应收利息	7	0.00		应付利息	37	0.00	
其他应收款	8	780 000.00		应付利润	38	0.00	
存货	9	1 475 000.00		其他应付款	39	1 020 000.00	
其中：原材料	10	550 000.00		其他流动负债	40	500 000.00	

05

续表

资产	行次	期末余额	年初余额	负债及所有者权益	行次	期末余额	年初余额
在产品	11	295 000.00		流动负债合计	41	6 796 199.00	
库存商品	12	360 000.00					
周转材料	13	120 000.00		非流动负债：			
其他流动资产	14	200 000.00		长期借款	42	700 000.00	
流动资产合计	15	6 272 580.00		长期应付款	43	0.00	
非流动资产：				递延收益	44	0.00	
长期债券投资	16	400 000.00		其他非流动负债	45	0.00	
长期股权投资	17	0.00		非流动负债合计	46	700 000.00	
固定资产原价	18	6 510 000.00		负债合计	47	7 496 199.00	
减：累计折旧	19	1 675 021.00					
固定资产账面价值	20	4 834 979.00					
在建工程	21	1 000 000.00					
工程物资	22	0.00					
固定资产清理	23	0.00					
生产性生物资产	24	0.00		所有者权益（或股东权益）：			
无形资产	25	642 600.00		实收资本（或股本）	48	4 000 000.00	
开发支出	26	0.00		资本公积	49	0.00	
长期待摊费用	27	0.00		盈余公积	50	960 000.00	
其他非流动资产	28	0.00		未分配利润	51	693 960.00	
非流动资产合计	29	6 877 579.00		所有者权益（或股东权益）合计	52	5 653 960.00	
资产总计	30	13 150 159.00		负债和所有者权益（或股东权益）总计	53	13 150 159.00	

主要项目数据说明如下：

（1）货币资金=36 900+556 680+63 000=656 580（元）

（2）应收账款=1 200 000+420 000=1 620 000（元）

（3）预付账款=520 000+360 000=880 000（元）

（4）其他应收款=720 000+60 000=780 000（元）

（5）存货=150 000+550 000+120 000+360 000+295 000=1 475 000（元）

（6）其他流动资产=将于1年内到期的长期债券投资200 000元

（7）长期债券投资=600 000-200 000=400 000（元）

（8）固定资产账面价值=6 510 000-1 675 021=4 834 979（元）

（9）无形资产=856 800-214 200=642 600（元）

（10）应付账款=1 280 000+194 000=1 474 000（元）

（11）预收账款=1 920 000+300 000=2 220 000（元）

05

（12）其他应付款=950 000+70 000=1 020 000（元）

（13）其他流动负债=将于1年内到期的长期借款500 000元

（14）长期借款=1 200 000-500 000=700 000（元）

任务小结

（一）资产负债表又叫财务状况表，是反映企业在某一特定日期财务状况的报表，它是一种对企业特定日期的资产、负债和所有者权益的结构性表述。

（二）资产负债表由表首和表体两部分组成。表首部分列明报表名称、编制单位名称、报表日、报表编号及计量单位；表体部分是资产负债表的主体，列示用以说明企业财务状况的各个项目。

（三）我国企业的资产负债表采用账户式结构，左方列示资产项目，右方列示负债和所有者权益项目。

（四）资产负债表"年初余额"栏内各项目数字，应根据上年年末资产负债表的"期末余额"栏内数字填列。

（五）资产负债表"期末余额"栏的填列方法有以下几种：（1）根据总账账户期末余额直接填列；（2）根据若干总账账户期末余额合计填列；（3）根据明细账账户期末余额计算填列；（4）根据总账账户和所属明细账账户期末余额分析计算填列；（5）根据总账账户期末余额减去其备抵账户余额后的净额填列；（6）综合运用上述填列方法填列。

任务训练

任务训练二十七　练习资产负债表的编制

资料：北江公司2022年12月末各总账账户及部分明细账户期末余额如表5-6所示。

表5-6　　　　　　　　　账户余额表（2022年12月31日）　　　　　　　　单位：元

账户名称	期末余额		备注
	借方余额	贷方余额	
库存现金	25 600		
银行存款	678 900		
其他货币资金	36 000		
短期投资	200 000		
应收票据	490 000		
应收账款	1 050 000		
其中：明细账户余额合计	1 360 000	310 000	
预付账款	465 000		
其中：明细账户余额合计	660 000	195 000	
其他应收款	589 000		
其中：明细账户余额合计	700 000	111 000	
在途物资	130 000		
原材料	560 000		
周转材料	180 000		

续表

账户名称	期末余额		备注
	借方余额	贷方余额	
库存商品	480 000		
生产成本	560 000		
长期债券投资	900 000		有 300 000 元将于 1 年内到期
固定资产	5 510 000		
累计折旧		1 865 000	
在建工程	900 000		
无形资产	950 000		
累计摊销		225 400	
短期借款		1 000 000	
应付票据		680 000	
应付账款		1 200 000	
其中：明细账户余额合计	369 000	1 569 000	
预收账款		1 600 000	
其中：明细账户余额合计	380 000	1 980 000	
应付职工薪酬		126 000	
应交税费		69 400	
其他应付款		960 400	
其中：明细账户余额合计	104 600	1 065 000	
长期借款		1 500 000	有 600 000 元将于 1 年内到期
实收资本		3 000 000	
盈余公积		850 000	
利润分配		628 300	

要求：根据表 5-6 资料填列资产负债表（年初余额略）。

05

任务三　利润表

任务导言

资产负债表根据资产（包括成本）、负债和所有者权益类账户的期末余额填列，利润表则根据损益类账户的本期实际发生额填列。损益类账户在结转"本年利润"之后没有余额，只有发生额，且借方发生额与贷方发生额相等。

需要注意的是，损益类账户记录的发生额可能存在虚增现象，在编制利润表时，要对损益类账户的发生额进行分析。只有结转到"本年利润"账户的金额才是损益类账户的真实发生额。此外，某些损益类账户的发生额虽然是真实的，但由于借方发生额与贷方发生额相等，那么，其是属于费用（损失）发生额，还是属于收入（收益）发生额，如"财务费用""投资收益"等账户，需要根据其结转到"本年利润"账户的方向来判断：凡是结转到"本年利润"账户贷方的，属于收入（收益）发生额；凡是结转到"本年利润"账户借方的，则属于费用（损失）发生额。

任务内容

一、利润表的含义

利润表又叫损益表，是反映企业在一定会计期间经营成果的报表。利润表综合反映企业利润的实现过程和利润的来源及构成情况，是对企业一定会计期间经营业绩的系统总结。

通过利润表可以了解企业一定期间收入、费用及利润的构成情况，分析企业生产经营收益和耗费情况、分析企业未来盈利趋势及获利能力。

二、利润表的结构

利润表主要由表首和表体两部分组成。表首部分列明报表名称、编表单位名称、报表涵盖的会计期间、报表编号和计量单位；表体部分是利润表的主体，列示形成经营成果的各个项目和计算过程。

利润表的表体结构有单步式和多步式两种。单步式利润表是将当期所有的收入列在一起，所有的费用列在一起，然后将两者相减得出当期净损益。我国企业的利润表采用多步式结构，即对当期的收入、费用、支出项目按性质加以归类，按利润形成的主要环节列示一些中间性利润指标，分步计算当期净损益，以便财务报表使用者理解企业经营成果的不同来源。

三、利润表的填列方法（以《小企业会计准则》报表为例）

利润表的月报与年报列示的项目完全相同，并且都要列示两个栏目的金额，但是两栏金额内容却不相同。月报分别列示"本年累计数"和"本月数"两栏金额，如表 5-7 所示；年报则列示"本期金额"（本年累计数）和"上期金额"（上年累计数）两栏金额，如表 5-8 所示。

05

表 5-7　　　　　　　　　　　　　　　　利润表（月报）

编制单位：　　　　　　　　　　　　　　　　年　月　　　　　　　　　　　　　　　　　　单位：

项目	行次	本年累计数	本月数

表 5-8　　　　　　　　　　　　　　　　利润表（年报）

编制单位：　　　　　　　　　　　　　　　　年度　　　　　　　　　　　　　　　　　　　单位：

项目	行次	本期金额	上期金额

"本年累计数"是指截至报告月份为止的当年累计金额；"本月数"是指报告月份当月的金额；"本期金额"是指当年全年（1—12 月）的累计金额；"上期金额"是指上一年度全年累计金额。以下按利润表年度报表的栏目说明其编制方法。

损益类账户发生额的识别

（一）"上期金额"（上年金额）栏填列

利润表中的"上期金额"栏各项目数据，应根据上年度利润表"本期金额"栏内数字填列。如果上年度利润表规定的各个项目的名称和内容与本期不一致，应对上年度利润表各项目的名称和内容按本期的规定进行调整，填入利润表"上期金额"栏内。

（二）"本期金额"（本年金额）栏填列

利润表"本期金额"栏反映本年度的实际发生额，各项目数据填列方法分为以下两种情况。

1. 根据有关损益类账户的本期发生额分析填列

> **注意事项**：如何识别损益类账户的真实发生额？
>
> 填列利润表时为什么要对损益类账户的发生额进行分析呢？因为某些损益类账户记录的发生额可能不是实际发生额。比如，当销货退回冲减收入、成本时，没有使用红字冲销，而是使用蓝字冲销，就会导致收入及成本的发生额出现虚增现象。那么，如何确定损益类账户的实际发生额是多少呢？有一个非常简单的判断方法，就是查看每一个损益类账户结转到"本年利润"账户的金额是多少，这个数额就是实际发生额。当账户发生额与结转到"本年利润"的金额不一致时，说明账户记录的发生额不真实，应以转入"本年利润"账户的金额为准。

（1）"营业收入"项目，反映企业经营主要业务和其他业务所确认的收入总额。本项目应根据"主营业务收入"账户和"其他业务收入"账户的实际发生额合计填列。

（2）"营业成本"项目，反映企业经营主要业务和其他业务所发生的成本总额。本项目应根据"主营业务成本"账户和"其他业务成本"账户的实际发生额合计填列。

（3）"税金及附加"项目，反映企业经营业务应当负担的消费税、城市维护建设税、教育费附加、地方教育附加、资源税、土地增值税、房产税、车船税、城镇土地使用税、印花税等相关税费。本项目应根据"税金及附加"账户的实际发生额填列。

（4）"销售费用"项目，反映企业在销售商品过程中发生的包装费、广告费等费用和为销售本

05

企业商品而专设的销售机构的职工薪酬、业务费等费用。本项目应根据"销售费用"账户的实际发生额填列。

（5）"管理费用"项目，反映企业为组织和管理生产经营发生的管理费用。本项目应根据"管理费用"账户的实际发生额填列。

（6）"财务费用"项目，反映企业为筹集生产经营所需资金等而发生的应予费用化的利息支出。本项目应根据"财务费用"账户的实际发生额填列，如为净收益则以负数填列。

（7）"投资收益"项目，反映企业以各种方式对外投资所取得的收益。本项目应根据"投资收益"账户的实际发生额填列，如为损失则以负数填列。

（8）"营业外收入"项目，反映企业发生的除营业利润以外的收益。本项目应根据"营业外收入"账户的实际发生额填列。

（9）"营业外支出"项目，反映企业发生的除营业利润以外的支出。本项目应根据"营业外支出"账户的实际发生额填列。

（10）"所得税费用"项目，反映企业应从当期利润总额中扣除的所得税费用。本项目应根据"所得税费用"账户的实际发生额填列。

2. 根据表内数字计算填列

（1）"营业利润"项目，根据利润表中的营业收入减去营业成本、税金及附加、销售费用、管理费用、财务费用，加投资收益后的金额填列，如为亏损则以负数填列。

（2）"利润总额"项目，根据营业利润加营业外收入，减营业外支出后的金额填列，如为亏损则以负数填列。

（3）"净利润"项目，根据利润总额减去表中的所得税费用后的金额填列，如为亏损则以负数填列。

四、利润表编制举例

【例 5-3】南江公司 2022 年度损益类账户结转"本年利润"账户前累计余额如表 5-9 所示。

表 5-9　　　　　　　　　　　　损益类账户余额表　　　　　　　　　　单位：元

科目名称	借方余额	贷方余额
主营业务收入		19 806 800
其他业务收入		797 050
投资收益		12 000
营业外收入		54 800
主营业务成本	13 650 780	
其他业务成本	708 100	
税金及附加	78 700	
销售费用	862 700	
管理费用	2 629 300	
财务费用	316 970	
营业外支出	76 900	
所得税费用	574 600	
合计	18 898 050	20 670 650

根据表 5-9 资料，编制年度利润表，如表 5-10 所示（上期金额略）。

表 5-10　　　　　　　　　　　　　　利润表

会小企 02 表

编制单位：南江公司　　　　　　　　　2022 年度　　　　　　　　　单位：元

项目	行次	本期金额	上期金额
一、营业收入	1	20 603 850.00	
减：营业成本	2	14 358 880.00	
税金及附加	3	78 700.00	
其中：消费税	4		
城市维护建设税	5		
资源税	6		
土地增值税	7		
城镇土地使用税、房产税、车船税、印花税	8		
教育费附加、排污费	9		
销售费用	10	862 700.00	
其中：商品维修费	11		
广告费和业务宣传费	12		
管理费用	13	2 629 300.00	
其中：开办费	14		
业务招待费	15		
研发费用	16		
财务费用	17	316 970.00	
其中：利息费用（收入以"-"号填列）	18		
加：投资收益（损失以"-"号填列）	19	12 000.00	
二、营业利润（亏损以"-"号填列）	20	2 369 300.00	
加：营业外收入	21	54 800.00	
其中：政府补助	22		
减：营业外支出	23	76 900.00	
其中：坏账损失	24		
无法收回的长期债券投资损失	25		
无法收回的长期股权投资损失	26		
自然灾害等不可抗力因素造成的损失	27		
税收滞纳金	28		
三、利润总额（亏损总额以"-"号填列）	29	2 347 200.00	
减：所得税费用	30	574 600.00	
四、净利润（净亏损以"-"号填列）	31	1 772 600.00	

任务小结

（一）利润表又叫损益表，是反映企业在一定会计期间经营成果的报表。

（二）利润表主要由表首和表体两部分组成。表首部分列明报表名称、编表单位名称、报表涵

05

盖的会计期间、报表编号和计量单位；表体部分是利润表的主体，列示形成经营成果的各个项目和计算过程。

（三）利润表的月报与年报列示的项目完全相同，但是两栏金额内容却不相同。月报分别列示"本年累计数"和"本月数"；年报则列示"本期金额"（本年累计数）和"上期金额"（上年累计数）。

（四）利润表中的"上期金额"栏各项目数据，应根据上年度利润表"本期金额"栏内数字填列。

（五）利润表"本期金额"栏反映本年度的实际发生额，各项目数据填列方法有两种情况。一是根据有关损益类账户的本期发生额分析填列；二是根据表内数字计算填列。

任务训练

任务训练二十八　练习利润表的编制

资料：北江公司 2022 年度损益类账户结转"本年利润"账户前累计余额如表 5-11 所示。

表 5–11　　　　　　　　　　　　损益类账户余额表　　　　　　　　　　　单位：元

科目名称	借方余额	贷方余额
主营业务收入		23 768 160
其他业务收入		956 460
投资收益		8 000
营业外收入		65 760
主营业务成本	16 380 936	
其他业务成本	849 720	
税金及附加	94 440	
销售费用	1 035 240	
管理费用	3 155 160	
财务费用	380 364	
营业外支出	92 280	
所得税费用	689 520	
合计	22 677 660	24 798 380

要求：根据表 5-11 资料，编制年度利润表。

任务四　账务处理程序

任务导言

账务处理程序，是指账务处理的工作流程，即从审核原始凭证开始，经过编制记账凭证、登记账簿，到编制会计报表的整个工作程序。账务处理工作流程可以归纳为六个步骤，只是总账的登记依据或方法有所不同而已。总账的登记方法有两种：一是根据单一的记账凭证登记；二是根据汇总的记账凭证登记。会计实务中，无论是手工账还是电算化账，几乎所有的企业都是采用后一种登记方法，即根据记账凭证汇总表登记总账，这不仅大大地减轻了登记总账的工作量，而且还能准确地预留各总账账户的账页。

任务内容

一、账务处理程序的含义

账务处理程序，也称"会计核算形式"或"会计核算组织程序"，是指从审核原始凭证开始，经过编制记账凭证、登记账簿，到编制会计报表的整个工作程序或工作流程。

二、账务处理工作流程

任何单位的账务处理工作流程都是相同的，只是总账的登记方法有所不同而已。具体地说，账务处理工作流程是：首先，根据经审核的原始凭证或汇总原始凭证编制记账凭证；然后根据记账凭证分别登记日记账和各种明细账；再根据记账凭证或记账凭证汇总表登记总账；在编制会计报表之前应将总账与其所属的日记账、明细账进行核对，验证账簿记录的正确性；最后，根据总账及部分明细账的记录编制会计报表。

（一）根据原始凭证或汇总原始凭证编制记账凭证

账务处理工作是从审核原始凭证或汇总原始凭证开始的。会计实务中，绝大多数原始凭证是单一凭证，只有少量由于同一原始凭证数量太多，为了减少编制记账凭证的工作量，才需要编制汇总原始凭证，如收料凭证汇总表、领料凭证汇总表、工资结算汇总表、差旅费报销单等。汇总原始凭证也叫原始凭证汇总表。财会人员应根据审核之后的原始凭证或汇总原始凭证，逐一编制记账凭证。原则上一笔业务编制一张记账凭证，不允许将不同性质的业务编制在一张记账凭证上。记账凭证的最佳形式是通用记账凭证，它按月统一编号，无须用"×字"来区分，记账、查账、装订归档等都快捷方便。

账务处理程序

（二）根据记账凭证登记日记账

日记账是指库存现金日记账和银行存款日记账。日记账由出纳人员进行登记。手工账情况下，出纳人员可以将经过审核的涉及收、付款的记账凭证挑选出来，按照先后顺序逐一进行登记；电算化情况下，日记账的登记权限授予出纳人员。

（三）根据记账凭证及其所属原始凭证登记各种明细账

明细账的种类和数量往往很多，按照岗位分工分别由相关的会计人员进行登记，登记的依据

05

原则上为记账凭证，但记账凭证上的明细信息有限，有时应根据该记账凭证所附的原始凭证进行登记。明细账的登记与日记账的登记类似，也应根据业务发生的先后顺序逐笔进行登记。

（四）根据记账凭证或记账凭证汇总表（科目汇总表）登记总账

总账的登记方法一般有两种。一是根据记账凭证逐笔直接登记。对于经济业务不多、记账凭证数量较少的单位比较适合采用这一总账登记方法。二是根据记账凭证汇总表进行登记，即先定期（一般按月）将记账凭证汇总，编制记账凭证汇总表，再据以登记总账。这样，登记总账的工作量就很小，但是增加了编制记账凭证汇总表的工作量。

从会计实务来看，很少有企业直接依据记账凭证登记总账。不管企业规模的大小、经济业务量的多少，企业一般根据记账凭证汇总表来登记总账。

记账凭证汇总表又叫科目汇总表，是指将一定时期的记账凭证进行汇总后，按照不同的会计科目分别列示各账户借方发生额和贷方发生额的一种汇总凭证。编制记账凭证汇总表的目的是登记总账。根据记账凭证汇总表登记总账大大地减少了登记总账的工作量，并且可以准确地预留总账的账页，方便使用订本账。在采用手工账的情况下，科目汇总表的编制方法是先通过T形账户将各科目的发生额进行汇总，然后填入科目汇总表中。在会计电算化的情况下，则不需要编制科目汇总表，财务软件可以自动生成某一时期的科目汇总表。

一般情况下，企业每月编制一张记账凭证汇总表，即将当月全部记账凭证汇总在一张表上；也可以每半月或每十天编制一张记账凭证汇总表。如果每半月编制一张记账凭证汇总表，则每月有两张记账凭证汇总表，编号分别为"汇字第1号""汇字第2号"；如果每十天编制一张记账凭证汇总表，则每月有三张记账凭证汇总表，编号分别为"汇字第1号""汇字第2号""汇字第3号"；如果每月只编制一张记账凭证汇总表，则无须编号。记账凭证汇总表越多，登记总账的工作量就越大。

科目汇总表的编制方法见项目二任务五的【例2-27】，此处不重复介绍。

> 📖 **问题探讨：记账凭证汇总表与汇总记账凭证有区别吗？**
>
> 记账凭证汇总与汇总记账凭证，从汉语的字面上看，其含义并没有什么不同，但是，长期以来，我国会计教材都将二者赋予了不同的含义：记账凭证汇总（表）指的是通用记账凭证汇总；而汇总记账凭证则是指专用记账凭证汇总。编者以为，专用记账凭证也是记账凭证，专用记账凭证汇总，也是记账凭证汇总，没有必要说成"汇总记账凭证"。同样，根据通用记账凭证汇总表登记总账与根据专用记账凭证汇总表登记总账，其登记方法没有任何区别，只是专用记账凭证汇总表的数量稍多而已（分为收款凭证汇总表、付款凭证汇总表和转账凭证汇总表）。编者以为，会计实务中，可以使用通用记账凭证，也可以使用专用记账凭证。无论是通用记账凭证汇总，还是专用记账凭证汇总，都是记账凭证汇总表或科目汇总表，二者的账务处理程序没有任何区别。

（五）将总账的登记结果与所属日记账、明细账登记的结果进行核对

05

账簿（包括日记账、明细账、总账）登记之后，就要准备编制会计报表。但是，在编制会计报表之前有必要核实账簿记录的正确性。因为如果账簿记录不正确，那么必然导致会计报表也不正确。验证账簿记录正确性最基本的方法是将各总账的期末余额与所属日记账、所属明细账的期

末余额进行核对（核对方法见项目四任务五）。如果二者相符，不能说明没有错误；但是如果二者不相符则说明一定有错，到底是哪个账记错了，需要进一步查明原因并予以更正。只有确认账簿记录正确才能着手编制会计报表。

（六）根据总账及有关明细账的相关数据编制会计报表

编制会计报表是账务处理程序的最后一个环节。企业会计报表主要包括资产负债表、利润表和现金流量表。资产负债表主要依据总账和部分明细账的期末余额来编制；利润表则依据损益类账户的实际发生额来编制；而现金流量表的编制则非常复杂，它不能直接根据账户记录的结果来编制，它要根据资产负债表、利润表中的数据以及有关账户的记录进行推算。

上述账务处理工作流程如图 5-1 所示。

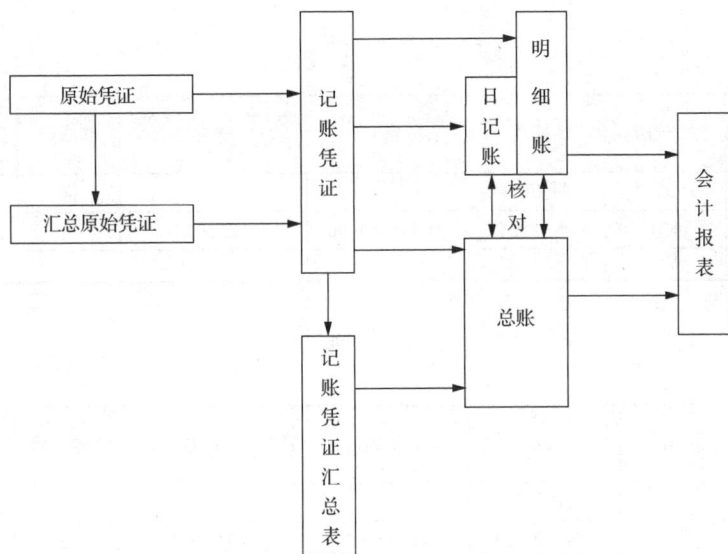

图 5-1　账务处理工作流程

三、总账登记方法举例

【例 5-4】现以【例 2-27】的科目汇总表（表 2-8）为例，根据该科目汇总表登记总账。此外，有关总账账户期初余额如表 5-12 所示。

表 5-12　　　　　　　　　　　　　　期初账户余额表

账户名称	借方余额	贷方余额
其他应收款	23 000	
库存现金	15 000	
银行存款	652 000	
短期借款		500 000
原材料	560 000	
应交税费		36 860
固定资产	2 986 000	
应收票据	200 000	
库存商品	500 000	

该科目汇总表涉及的其他账户无余额。现将该科目汇总表涉及的总账账户登记结果列示如表 5-13 至表 5-25 所示（以会计科目表中科目次序为序）。

表 5-13　　　　　　　　　　　总分类账

名称：库存现金

| 2023 年 | | 凭证号码 | 摘要 | 借方 | 贷方 | 借或贷 | 余额 |
月	日						
1	1		期初余额			借	15 000.00
1	31	汇 1	本月汇总	200.00	5 000.00	借	10 200.00

表 5-14　　　　　　　　　　　总分类账

名称：银行存款

| 2023 年 | | 凭证号码 | 摘要 | 借方 | 贷方 | 借或贷 | 余额 |
月	日						
1	1		期初余额			借	652 000.00
1	31	汇 1	本月汇总	1 478 000.00	1 065 000.00	借	1 065 000.00

表 5-15　　　　　　　　　　　总分类账

名称：应收票据

| 2023 年 | | 凭证号码 | 摘要 | 借方 | 贷方 | 借或贷 | 余额 |
月	日						
1	1		期初余额			借	200 000.00
1	31	汇 1	本月汇总	400 000.00	200 000.00	借	400 000.00

表 5-16　　　　　　　　　　　总分类账

名称：其他应收款

| 2023 年 | | 凭证号码 | 摘要 | 借方 | 贷方 | 借或贷 | 余额 |
月	日						
1	1		期初余额			借	23 000.00
1	31	汇 1	本月汇总	5 000.00	5 000.00	借	23 000.00

表 5-17　　　　　　　　　　　总分类账

名称：原材料

| 2023 年 | | 凭证号码 | 摘要 | 借方 | 贷方 | 借或贷 | 余额 |
月	日						
1	1		期初余额			借	560 000.00
1	31	汇 1	本月汇总	200 000.00	400 000.00	借	360 000.00

表 5-18　　　　　　　　　　　　　　　　　　总分类账

名称：库存商品

2023 年		凭证号码	摘要	借方	贷方	借或贷	余额
月	日						
1	1		期初余额			借	500 000.00
1	31	汇 1	本月汇总		400 000.00	借	100 000.00

表 5-19　　　　　　　　　　　　　　　　　　总分类账

名称：固定资产

2023 年		凭证号码	摘要	借方	贷方	借或贷	余额
月	日						
1	1		期初余额			借	2 986 000.00
1	31	汇 1	本月汇总	300 000.00		借	3 286 000.00

表 5-20　　　　　　　　　　　　　　　　　　总分类账

名称：短期借款

2023 年		凭证号码	摘要	借方	贷方	借或贷	余额
月	日						
1	1		期初余额			贷	500 000.00
1	31	汇 1	本月汇总	500 000.00	1 000 000.00	贷	1 000 000.00

表 5-21　　　　　　　　　　　　　　　　　　总分类账

名称：应交税费

2023 年		凭证号码	摘要	借方	贷方	借或贷	余额
月	日						
1	1		期初余额			贷	36 860.00
1	31	汇 1	本月汇总	65 000.00	78 000.00	贷	49 860.00

表 5-22　　　　　　　　　　　　　　　　　　总分类账

名称：生产成本

2023 年		凭证号码	摘要	借方	贷方	借或贷	余额
月	日						
1	31	汇 1	本月汇总	400 000.00		借	400 000.00

05

表 5-23 　　　　　　　　　　　　　总分类账

名称：主营业务收入

| 2023 年 | | 凭证号码 | 摘要 | 借方 | 贷方 | 借或贷 | 余额 |
月	日						
1	31	汇 1	本月汇总		600 000.00	贷	600 000.00

表 5-24 　　　　　　　　　　　　　总分类账

名称：主营业务成本

| 2023 年 | | 凭证号码 | 摘要 | 借方 | 贷方 | 借或贷 | 余额 |
月	日						
1	31	汇 1	本月汇总	400 000.00		借	400 000.00

表 5-25 　　　　　　　　　　　　　总分类账

名称：管理费用

| 2023 年 | | 凭证号码 | 摘要 | 借方 | 贷方 | 借或贷 | 余额 |
月	日						
1	31	汇 1	本月汇总	4 800.00		借	4 800.00

任务小结

（一）账务处理程序是指从审核原始凭证开始，经过编制记账凭证、登记账簿，到编制会计报表的整个工作次序或工作流程。

（二）账务处理工作流程是：首先，根据审核的原始凭证或汇总原始凭证编制记账凭证；然后根据记账凭证分别登记日记账和各种明细账；再根据记账凭证或记账凭证汇总表登记总账；在编制会计报表之前应将总账与其所属的日记账、明细账进行核对，验证账簿记录的正确性；最后，根据总账及部分明细账的记录编制会计报表。

（三）总账的登记方法一般有两种：一是根据记账凭证逐笔直接登记；二是根据记账凭证汇总表进行登记。

（四）记账凭证汇总表又叫科目汇总表，是指将一定时期的记账凭证进行汇总后，按照不同的会计科目分别列示各账户借方发生额和贷方发生额的一种汇总凭证。

（五）科目汇总表的编制方法一般是先通过 T 形账户将各科目的发生额进行汇总，然后填入科目汇总表中。

任务训练

任务训练二十九　练习科目汇总表的编制及总账的登记

资料：珠江公司 2023 年 1 月发生有关经济业务如下。

（1）1 月 1 日，银行存款账户收到 A 公司投入的货币资金 500 000 元。

（2）1 月 5 日，取得工商银行期限为 1 年的贷款 600 000 元，款项已划入存款账户。

（3）1月6日，以银行存款归还已到期的工商银行1年期贷款本金300 000元。

（4）1月8日，购入A材料一批，买价200 000元，增值税税额26 000元，同时支付运费1 000元，增值税税额90元，均取得增值税专用发票，货款及运费均以银行存款付清，材料已验收入库。

（5）1月9日，从西江公司购入A材料一批，价款100 000元，增值税税额13 000元，取得增值税专用发票，货款通过银行支付，材料尚未验收入库。

（6）1月10日，从西江公司购入的A材料验收入库。

（7）1月13日，通过银行转账支付已到期商业汇票票款160 000元。

（8）1月14日，销售甲产品一批，售价350 000元，增值税税额45 500元，货款通过银行收讫。

（9）1月20日，售给南沙公司甲产品一批，售价380 000元，增值税税额49 400元，商品已经发出并开具发票，货款暂未收到。

（10）1月22日，收到南沙公司本月20日的销售货款429 400元。

（11）1月24日，售给西沙公司乙产品一批，售价280 000元，增值税税额36 400元。上月已预收西沙公司购货款90 000元。

（12）1月31日，本月生产甲产品领原材料共计760 000元。

要求：

（1）根据上述业务编写会计分录；

（2）将所编写的会计分录汇总，编制一张科目汇总表；

（3）根据所编制的科目汇总表，登记总账。各总账账户年初余额如表5-26所示。

表5-26   总账账户年初余额   单位：元

账户名称	借方余额	贷方余额
银行存款	980 000	
实收资本		1 500 000
短期借款		300 000
原材料	550 000	
应交税费	26 000	
应付票据		390 000
应收账款	580 000	
预收账款		316 400
生产成本	898 000	

任务五　会计档案

任务导言

为了加强会计档案的科学管理，统一全国会计档案管理制度，做好会计档案管理工作，财政部、国家档案局于 1998 年 8 月 21 日发布了《会计档案管理办法》；2015 年 12 月 11 日，财政部、国家档案局对其进行了修订，发布了新的《会计档案管理办法》，于 2016 年 1 月 1 日起施行。财会人员有必要熟悉会计档案管理的相关规定，并在工作中遵照执行。

任务内容

一、会计档案的含义

会计档案是指单位在进行会计核算等过程中接收或形成的，记录和反映单位经济业务事项的，具有保存价值的文字、图表等各种形式的会计资料，包括通过计算机等电子设备形成、传输和存储的电子会计档案。

会计档案是记录和反映经济业务事项的重要史料和证据。单位应当加强会计档案管理工作，建立和完善会计档案的收集、整理、保管、利用和鉴定销毁等管理制度，采取可靠的安全防护技术和措施，保证会计档案的真实、完整、可用、安全。

二、会计档案的内容

会计档案的内容是指会计档案的范围，具体包括会计凭证、会计账簿、财务会计报告和其他会计资料四个部分。

（1）会计凭证，包括原始凭证和记账凭证。

（2）会计账簿，包括总账、明细账、日记账、固定资产卡片及其他辅助性账簿。

（3）财务会计报告，包括月度、季度、半年度、年度财务会计报告。

（4）其他会计资料，包括银行存款余额调节表、银行对账单、纳税申报表、会计档案移交清册、会计档案保管清册、会计档案销毁清册、会计档案鉴定意见书及其他具有保存价值的会计资料。

> **注意事项：与会计有关的文件资料都属于会计档案吗？**
>
> 各单位与会计有关的预算、计划、制度等文件材料属于文书档案，不属于会计档案。

同时满足下列条件的，单位内部形成的属于归档范围的电子会计资料可仅以电子形式保存，形成电子会计档案：

（1）形成的电子会计资料来源真实有效，由计算机等电子设备形成和传输；

（2）使用的会计核算系统能够准确、完整、有效接收和读取电子会计资料，能够输出符合国家标准归档格式的会计凭证、会计账簿、财务会计报表等会计资料，设定了经办、审核、审批等必要的审签程序；

（3）使用的电子档案管理系统能够有效接收、管理、利用电子会计档案，符合电子档案的长期保管要求，并建立了电子会计档案与相关联的其他纸质会计档案的检索关系；

（4）采取有效措施，防止电子会计档案被篡改；

（5）建立电子会计档案备份制度，能够有效防范自然灾害、意外事故和人为破坏的影响；

（6）形成的电子会计资料不属于具有永久保存价值或者其他重要保存价值的会计档案。

三、会计档案的管理

（一）会计档案的归档

单位的会计机构或会计人员所属机构（以下统称单位会计管理机构）按照归档范围和归档要求，负责定期将应当归档的会计资料整理立卷，编制会计档案保管清册。当年形成的会计档案，在会计年度终了后，可由单位会计管理机构临时保管 1 年，再移交单位档案管理机构保管。因工作需要推迟移交的，应当经单位档案管理机构同意。单位会计管理机构临时保管会计档案最长不超过 3 年。临时保管期间，会计档案的保管应当符合国家档案管理的有关规定，且出纳人员不得兼管会计档案。

（二）会计档案的保管

会计档案应分类保存。会计档案的保管期限分为永久保管和定期保管两类。其中，定期保管的期限一般分为 10 年和 30 年，时间从会计年度终了后的第一天算起。会计档案的具体保管期限见表 5-27 和表 5-28。

表 5-27　　　　　　　企业和其他组织会计档案保管期限

序号	档案名称	保管期限	备注
一	会计凭证		
1	原始凭证	30 年	
2	记账凭证	30 年	
二	会计账簿		
3	总账	30 年	
4	明细账	30 年	
5	日记账	30 年	
6	固定资产卡片		固定资产报废清理后保管 5 年
7	其他辅助性账簿	30 年	
三	财务会计报告		
8	月度、季度、半年度财务报告	10 年	
9	年度财务报告	永久	
四	其他会计资料		
10	银行存款余额调节表	10 年	
11	银行对账单	10 年	
12	纳税申报表	10 年	
13	会计档案移交清册	30 年	
14	会计档案保管清册	永久	
15	会计档案销毁清册	永久	
16	会计档案鉴定意见书	永久	

05

表5-28　　　　财政总预算、行政单位、事业单位和税收会计档案保管期限

序号	档案名称	保管期限			备注
		财政总预算	行政单位、事业单位	税收会计	
一	会计凭证				
1	国家金库编送的各种报表及缴库退库凭证	10年		10年	
2	各收入机关编送的报表	10年			
3	行政单位和事业单位的各种会计凭证		30年		包括原始凭证、记账凭证和传票汇总表
4	财政总预算拨款凭证和其他会计凭证	30年			包括拨款凭证和其他会计凭证
二	会计账簿				
5	日记账		30年	30年	
6	总账	30年	30年	30年	
7	税收日记账（总账）			30年	
8	明细分类、分户账或登记簿	30年	30年	30年	
9	行政单位和事业单位固定资产卡片				固定资产报废清理后保管5年
三	财务会计报告				
10	政府综合财务报告	永久			下级财政、本级部门和单位报送的保管2年
11	部门财务报告		永久		所属单位报送的保管2年
12	财政总决算	永久			下级财政、本级部门和单位报送的保管2年
13	部门决算		永久		所属单位报送的保管2年
14	税收年报（决算）			永久	
15	国家金库年报（决算）	10年			
16	基本建设拨、贷款年报（决算）	10年			
17	行政单位和事业单位会计月、季度报表		10年		所属单位报送的保管2年
18	税收会计报表			10年	所属税务机关报送的保管2年
四	其他会计资料				
19	银行存款余额调节表	10年	10年		
20	银行对账单	10年	10年	10年	
21	会计档案移交清册	30年	30年	30年	
22	会计档案保管清册	永久	永久	永久	
23	会计档案销毁清册	永久	永久	永久	
24	会计档案鉴定意见书	永久	永久	永久	

注：税务机关的税务经费会计档案保管期限，按行政单位会计档案保管期限规定办理。

05

（三）会计档案的查阅与复制

单位应当严格按照相关制度利用会计档案，在进行会计档案查阅、复制、借出时履行登记手续，严禁篡改和损坏。单位保存的会计档案一般不得对外借出。确因工作需要且根据国家有关规定必须借出的，应当严格按照规定办理相关手续。会计档案借用单位应当妥善保管和利用借入的会计档案，确保借入会计档案的安全完整，并在规定时间内归还。

（四）会计档案的移交

单位会计管理机构在办理会计档案移交时，应当编制会计档案移交清册，并按照国家档案管理的有关规定办理移交手续。纸质会计档案移交时应当保持原卷的封装。电子会计档案移交时应当将电子会计档案及其元数据一并移交，且文件格式应当符合国家档案管理的有关规定。特殊格式的电子会计档案应当与其读取平台一并移交。单位档案管理机构接收电子会计档案时，应当对电子会计档案的准确性、完整性、可用性、安全性进行检测，符合要求的才能接收。

单位之间交接会计档案时，交接双方应当办理会计档案交接手续。移交会计档案的单位，应当编制会计档案移交清册，列明应当移交的会计档案名称、卷号、册数、起止年度、档案编号、应保管期限和已保管期限等内容。交接会计档案时，交接双方应当按照会计档案移交清册所列内容逐项交接，并由交接双方的单位有关负责人负责监督。交接完毕后，交接双方经办人和监督人应当在会计档案移交清册上签名或盖章。

（五）会计档案的销毁

单位应当定期对已到保管期限的会计档案进行鉴定，并形成会计档案鉴定意见书。经鉴定，仍需继续保存的会计档案，应当重新划定保管期限；对保管期满，确无保存价值的会计档案，可以销毁。会计档案鉴定工作应当由单位档案管理机构牵头，组织单位会计、审计、纪检监察等机构或人员共同进行。

经鉴定可以销毁的会计档案，应当按照以下程序销毁。第一，单位档案管理机构编制会计档案销毁清册，列明拟销毁会计档案的名称、卷号、册数、起止年度、档案编号、应保管期限、已保管期限和销毁时间等内容。第二，单位负责人、档案管理机构负责人、会计管理机构负责人、档案管理机构经办人、会计管理机构经办人在会计档案销毁清册上签署意见。第三，单位档案管理机构负责组织会计档案销毁工作，并与会计管理机构共同派员监销。监销人在会计档案销毁前，应当按照会计档案销毁清册所列内容进行清点核对；在会计档案销毁后，应当在会计档案销毁清册上签名或盖章。电子会计档案的销毁还应当符合国家有关电子档案的规定，并由单位档案管理机构、会计管理机构和信息系统管理机构共同派员监销。

保管期满但未结清的债权债务会计凭证和涉及其他未了事项的会计凭证不得销毁，纸质会计档案应当单独抽出立卷，电子会计档案单独转存，保管到未了事项完结时为止。单独抽出立卷或转存的会计档案，应当在会计档案鉴定意见书、会计档案销毁清册和会计档案保管清册中列明。

📚 任务小结

（一）会计档案是指单位在进行会计核算等过程中接收或形成的，记录和反映单位经济业务事项的，具有保存价值的文字、图表等各种形式的会计资料，包括通过计算机等电子设备形成、传输和存储的电子会计档案。

05

（二）会计档案的内容是指会计档案的范围，具体包括会计凭证、会计账簿、财务会计报告和其他会计资料四个部分。

（三）单位的会计机构或会计人员所属机构，按照归档范围和归档要求，负责定期将应当归档的会计资料整理立卷，编制会计档案保管清册。

（四）会计档案应分类保存。会计档案的保管期限分为永久保管和定期保管两类。其中，定期保管的期限一般分为10年和30年，时间从会计年度终了后的第一天算起。

（五）单位应当严格按照相关制度利用会计档案，在进行会计档案查阅、复制、借出时履行登记手续，严禁篡改和损坏。

（六）单位会计管理机构在办理会计档案移交时，应当编制会计档案移交清册，并按照国家档案管理的有关规定办理移交手续。

（七）单位应当定期对已到保管期限的会计档案进行鉴定，并形成会计档案鉴定意见书。经鉴定，仍需继续保存的会计档案，应当重新划定保管期限；对保管期满，确无保存价值的会计档案，可以销毁。

任务训练

任务训练三十　练习会计档案相关知识

（一）什么是会计档案？会计档案包括哪些内容？

（二）会计档案如何归档？

（三）会计档案如何销毁？

项目测试

一、判断题（每小题 2 分，本题 20 分）

（1）永续盘存制下，可以通过存货明细账的记录随时结出存货的结存数量，不需要对存货进行盘点。（　　）

（2）财产清查是指通过对各种财产物资的实地盘点及对银行存款和债权债务的核对，以查明实存数与账存数是否相符的一种专门方法。（　　）

（3）资产负债表是反映企业在某一特定日期财务成果的报表。（　　）

（4）资产负债表应根据资产、负债和所有者权益类账户的本期发生额填列。（　　）

（5）利润表又叫损益表，是反映企业在一定会计期间财务状况的报表。（　　）

（6）利润表应根据损益类账户的期末余额填列。（　　）

（7）账务处理程序，是指从审核原始凭证开始，经过编制记账凭证、登记账簿，到编制会计报表的整个工作程序或工作流程。（　　）

（8）任何单位的账务处理工作流程都是相同的，只是总账的登记方法有所不同而已。（　　）

（9）会计档案是指单位在进行会计核算等过程中接收或形成的，记录和反映单位经济业务事项的，具有保存价值的文字、图表等各种形式的会计资料。（　　）

（10）对于保管期满的会计档案可以直接销毁。（　　）

二、单选题（每小题 3 分，本题 30 分）

（1）平时对各项货物的增加数和减少数都根据有关凭证连续记入有关账簿，并随时结出账面结存数额的盘存制度称为（　　）。

    A. 实地盘存制　　　　B. 永续盘存制　　　　C. 收付实现制　　　　D. 权责发生制

（2）银行存款日记账余额为 180 000 元，有三笔未达账项：银行已收企业未入账 30 000 元；银行已付企业未入账 20 000 元；企业已付银行未入账 10 000 元。调整后的银行存款余额为（　　）元。

    A. 180 000　　　　B. 190 000　　　　C. 200 000　　　　D. 210 000

（3）"预收账款"账户所属明细账户如有借方余额，应在资产负债表的（　　）项目填列。

    A. 应收账款　　　　B. 预收账款　　　　C. 应付账款　　　　D. 预付账款

（4）下列选项中，直接根据总分类账户期末余额填列资产负债表项目的是（　　）。

    A. 应付账款　　　　B. 应付票据　　　　C. 预付账款　　　　D. 预收账款

（5）利润表的下列项目根据表内数字计算填列的是（　　）。

    A. 营业收入　　　　B. 营业成本　　　　C. 营业利润　　　　D. 税金及附加

（6）下列选项中，不会影响利润总额的是（　　）。

    A. 营业收入　　　　B. 管理费用　　　　C. 营业外收入　　　　D. 所得税费用

（7）一般情况下，企业应采用的财产物资盘存制度是（　　）。

    A. 永续盘存制　　　　B. 实地盘存制　　　　C. 权责发生制　　　　D. 收付实现制

（8）利润表编制的依据是（　　）。

    A. 资产、负债及所有者权益账户的期末余额

    B. 损益类账户的期末余额

    C. 资产、负债及所有者权益账户的本期发生额

    D. 损益类账户的本期发生额

05

（9）当年形成的会计档案，在会计年度终了后，可由单位会计管理机构临时保管（　　），再移交单位档案管理机构保管。

    A. 1 年　　　　　　B. 2 年　　　　　　C. 3 年　　　　　　D. 5 年

（10）原始凭证和记账凭证的保管期限为（　　）。

    A. 10 年　　　　　B. 20 年　　　　　C. 30 年　　　　　D. 永久

三、多选题（每小题 5 分，本题 50 分）

（1）以下资产中，可以采用实地盘点法进行清查的有（　　）。

    A. 库存现金　　　　B. 银行存款　　　　C. 原材料　　　　D. 无形资产

（2）每日业务结束时，出纳人员将库存现金日记账的账面余额与现金的实存数进行核对的清查，属于（　　）。

    A. 定期清查　　　　B. 不定期清查　　　C. 全面清查　　　　D. 局部清查

（3）下列资产负债表项目中，直接根据总分类账户期末余额填列的有（　　）。

    A. 应交税费　　　　B. 应付职工薪酬　　C. 短期借款　　　　D. 应付票据

（4）资产负债表中的"应付账款"项目，应根据"（　　）"总分类账户所属各明细账户期末贷方余额合计填列。

    A. 应付账款　　　　B. 预付账款　　　　C. 应收账款　　　　D. 预收账款

（5）下列选项中，对营业利润产生影响的有（　　）。

    A. 税金及附加　　　B. 销售费用　　　　C. 所得税费用　　　D. 营业外收入

（6）利润表月报列示的两个栏目是（　　）。

    A. 本期金额　　　　B. 上期金额　　　　C. 本年累计数　　　D. 本月数

（7）编制记账凭证的依据有（　　）。

    A. 原始凭证　　　　B. 汇总原始凭证　　C. 收款凭证　　　　D. 付款凭证

（8）总账的登记依据有（　　）。

    A. 原始凭证　　　　B. 汇总原始凭证　　C. 记账凭证　　　　D. 记账凭证汇总表

（9）会计档案包括（　　）。

    A. 会计凭证　　　　B. 会计账簿　　　　C. 财务会计报告　　D. 其他会计资料

（10）下列属于会计档案内容的有（　　）。

    A. 原始凭证　　　　B. 记账凭证　　　　C. 明细分类账　　　D. 资产负债表

05

参考文献

[1] 财政部会计财务评价中心. 初级会计实务[M]. 北京：经济科学出版，2023.

[2] 财政部会计财务评价中心. 经济法基础[M]. 北京：经济科学出版社，2023.

[3] 龙银州. 试析会计科目表分类的改进[J]. 武汉：财会月刊，2010.5 上.

[4] 龙银州. 也谈会计等式[J]. 武汉：财会月刊，2012.8 上.

[5] 龙银州. 会计恒等式与经济业务种类之我见[J]. 上海：新会计，2011.10.

[6] 龙银州. 错账更正方法归类之我见[J]. 上海：新会计，2012.2.